ALL ABOUT HISTORY

萤火虫 REFLY 035

法西斯的破灭

二战22个历史特写

[英]凯瑟琳·马什——编著　王小欧——译

中国画报出版社·北京

图书在版编目（CIP）数据

法西斯的破灭：二战22个历史特写 / (英) 凯瑟琳·马什编著；王小欧译. -- 北京：中国画报出版社，2022.5（2025.7 重印）
（萤火虫书系）
书名原文: ALL ABOUT HISTORY: STORY OF WORLD WAR II
ISBN 978-7-5146-2132-7

Ⅰ. ①法… Ⅱ. ①凯… ②王… Ⅲ. ①第二次世界大战-历史 Ⅳ. ①K152

中国版本图书馆CIP数据核字(2022)第043980号

法西斯的破灭：二战 22 个历史特写

[英] 凯瑟琳·马什 编著　王小欧 译

出 版 人：方允仲
特约审定：张跃平
审　　校：崔学森
责任编辑：石曼琳
助理编辑：郭小轩
责任印制：焦　洋
营销编辑：孙小雨

出版发行：中国画报出版社
地　　址：中国北京市海淀区车公庄西路33号　邮编：100048
发 行 部：010-88417418　010-68414683（传真）
总编室兼传真：010-88417359　版权部：010-88417359

开　　本：16开（787mm × 1092mm）
印　　张：13
字　　数：226千字
版　　次：2022年5月第1版　2025年7月第6次印刷
印　　刷：三河市金兆印刷装订有限公司
书　　号：ISBN 978-7-5146-2132-7
定　　价：72.00元

法西斯的破灭：二战22个历史特写

第二次世界大战几乎在全球的每个角落、每个家庭都留下了印记，它是德意日三个法西斯轴心国及仆从国与全世界反法西斯力量进行的第二次全球规模的战争。你将会在本书中了解到，日本如何侵略别国领土，进而挑起与美国的战争；由大规模、多线行动产生的技术创新和战术，以及残酷的战斗，如何彻底改变了战争对军队、政府机构以及民众的意义；以及这场战争是如何彻底摧毁了以欧洲为中心的国际政治格局，并对当今世界持续产生着影响。

目录

起源

关键时刻

重要战役

关键人物

一个时代的终结

起源

全球冲突如何源自欧亚领土争端

9

15

墨索里尼的意大利法西斯

墨索里尼的极权法西斯国家将制造恐惧的战术与宣传机器相结合，成为欧洲第一个极右独裁政权，它甚至比德意志第三帝国还要早

1861年，“复兴运动”将意大利半岛统一为一个国家。在民族主义革命家朱塞佩·加里波第的领导下，意大利自476年西罗马帝国灭亡以来首次实现了统一。20世纪早期，罗马的中央政府由一些自由联盟政党领导。这个时代最著名的政治家是乔瓦尼·乔利蒂，他是一位坚定的自由主义者，在1891—1921年担任过至少五届总理。“一战”爆发后，意大利最初主张中立，但后来于1915年5月23日站到了协约国一边。尽管意大利在“一战”中取得了胜利，在《凡尔赛和约》中却缺乏领土收益①，加之不断增加的战争债务和失业率，给自由联盟政府带来了巨大的压力。前社会党党员贝尼托·墨索里尼是自由联盟政府的反对者之一，他饶有兴致地注视着民族主义者加布里埃尔·邓南遮，并在1919年，向人们证明了现政府在长达15个月的阜姆占领问题上所产生的影响是多么的微不足道。同年3月，墨索里尼在米兰创立“战斗的法西斯”，赢得众多支持者。许多“一战”退伍士兵加入了这项“事业”，他们组建了“黑衫军”，以充当不断发展的法西斯运动的暴力防卫部队。法西斯主义是极端右翼民族主义的一种形式，旨在成为自由主义和社会主义的替代品。这源于墨索里尼对自由联盟政府的失望以及对传统社会主义的蔑视。正如希特勒后来在德国所做的那样，墨索里尼利用了全国性的政治幻灭和对意大利共产主义者起义的恐惧。法西斯主义尤其吸引中产阶级下层和小资产阶级，他们有的背负债务，有的失业，或两者皆是，并渴望得到更多。法西斯主义很快成为民众发泄他们在政治上的挫败感的完美工具。

国家法西斯党（Partito Nazionale Fascista，简称PNF）于1921年在“战斗的法西斯”基

① “一战”爆发后，原属同盟国的意大利宣布中立，并利用中立地位在两大集团间寻求自己利益的最大化。1915年4月26日，协约国与意大利秘密签署《伦敦密约》，将大量原属奥匈帝国、土耳其、北非、阿尔巴尼亚等地的领土许诺给意大利，其中包括阜姆港的主权，意大利遂加入协约国作战。但在“一战”结束后，英、法、美三国却拒绝履行《伦敦密约》，意大利得到阜姆的希望也彻底落空。——译者注（后文如无另行标注均为译者注）

LVCE

墨索里尼利用了全国性的政治幻灭和对意大利共产主义者起义的恐惧，正如希特勒后来在德国所做的那样。

础上成立，其影响在1922年的大罢工中首次显现。被称为“squaristri”的法西斯黑衫军武装小队控制了军队。此时的法西斯是一支重要的政治力量，到了10月，墨索里尼认为，进军罗马的时机已经成熟。法西斯分子们发出最后通牒：把政府交出来，否则，我们将用武力夺取它。黑衫军在意大利各地的城镇发动暴乱，向总理路易吉·法克塔和国王伊曼纽尔三世显示了令人望而生畏的力量。但软弱的自由联盟政府在决策方面犹豫不决，国家进入紧急状态。国王预感到内战即将爆发，于是介入并做出违反宪法的举动——亲自出面，邀请墨索里尼出任总理。意大利进入法西斯时代。

起初，墨索里尼的领导是试探性的。第一届法西斯内阁既包括自由主义者，也包括社会民主主义者，黑衫军的狂热也有所收敛。法西斯大委员会（Fascist Grand Council）成立于1923年，黑衫军成为国家民兵。同年通过的《阿切尔博法案》规定，法西斯分子在议会中将永远占有多数。1924年，法西斯分子在当年大选中的得票率达到65%。同年6月，著名社会主义者吉亚科莫·马泰奥蒂被谋杀，导致反对派议员辞职以示抗议，这反而帮助墨索里尼获得了更大的权力。墨索里尼于1925年1月建立独裁政权，其领导地位毋庸置疑。所有非法西斯的政治活动都被取缔，新闻业被置于国家控制之下，法西斯主义的宣传占据了媒体的主导地位。此时，这个法西斯国家已进入快速发展阶段，意大利人民受到警告，他们被要求追随独裁统治，否则后果自负。这些措施不像纳粹德国将要实行的那么暴力和残忍，但仍出自一个无情的独裁政权。1934年，法西斯党的党员人数上升到200万，人们对墨索里尼的个人崇拜与日俱增，称其为“领袖”。媒体、艺术品以及公众集会上的宣传都将墨索里尼描绘成一个强有力的领袖，一个将带领意大利走出自由主义的失败、迈向胜利的领袖。反法西斯分子集体离开意大利，任何留下的人都被墨索里尼的秘密警察奥夫拉（OVRA）投入监狱。超过4000人被监禁，但很少有人被判处死刑，奥夫拉的暴力程度低于希特勒的盖世太保。

墨索里尼认为，意大利的孩子是法西斯主义的未来。于是成立了法西斯青年组织，使国家

意大利法西斯时间线

1918年

“一战”结束
尽管站在了赢得战争的这一边，但意大利觉得自己被战时的盟友法国和英国欺骗了，它几乎没有得到任何战利品。
1918年

黑衫军的诞生
墨索里尼组建了“战斗的法西斯”和最初的黑衫民兵组织。同年，该党在1919年的意大利大选中以仅高于对方2%的票数赢得选票。
1919年

有力的选举结果
“国家法西斯党”（PNF）成立，在1921年的大选中，该党的表现要比两年前好得多，赢得了35个席位。
1921年

“罗马进军”
10月，墨索里尼主动出击，威胁要向意大利首都进军，强迫国王任命自己为总理。国王最终同意了他的要求。
1922年

《阿切尔博法案》
11月，墨索里尼通过《阿切尔博法案》，规定在即将到来的选举中，得票最多的政党将获得议会三分之二的席位。
1923年

教育体系也符合他的政治和社会观点。年轻的男孩被期望成为国家的步兵，而女孩和妇女则被寄希望于结婚及生育尽可能多的孩子。这被称为墨索里尼的“生育之战”，他试图通过提高出生率来做好国家的备战准备，但未能成功。从运动队到工会，各行各业都被置于极权法西斯国家的旗帜下。此外，1929 年的《拉特兰条约》巩固了墨索里尼与教皇和天主教教会的关系。由于媒体受到严格审查，黑衫军横行街头，人们批评政府的余地非常小，除了零星的反法西斯文学外，几乎没有记录在案的抵抗活动。意大利经济被纳入一个法西斯公司制国家——完全控制工人，并禁止他们罢工。尽管墨索里尼以让火车准点运行而闻名，但公司制国家却存在着缺陷，即效率低下。到 1929 年，意大利平均工资已经下降。墨索里尼让意大利再次成为伟大国家的坚持，摧毁了意大利的经济，里拉①的升值和自给自足、闭关自守的政策削弱了国家的财政和贸易关系。

墨索里尼渴望统治地中海，并致力于向世界主要强国表明，意大利是国际舞台上不可忽视的力量。他将自己视为现代的尤利乌斯·恺撒，并于 1936 年准许入侵阿比西尼亚（现在的埃塞俄比亚）。这是一场残酷的战役，它为 40 年前意军的惨败②一雪前耻，并为意大利赢得了一块非洲殖民地。在西班牙内战中，意大利也给予了西班牙元首佛朗哥大量的军事支持（西班牙是众多卷入冲突的欧洲大国之一）。墨索里尼最初反对与德国结盟，他不同意排犹政策。尽管这两个国家都是极右翼的独裁政权，且他们都信奉对领袖的狂热崇拜和“为人们提供更大的生存空间”，但意大利法西斯并没有明确地关注种族问题，也没有希特勒那种关于种族纯洁性的疯狂想法，至少在战争之前是这样。然而，在访问德国之后，墨索里尼惊叹于德国国防军的力量，于是开始改变想法。随着战争的临近，他认为与德国结盟是意大利最好的选择。墨索里尼对国际事务有着敏锐的洞察力，他认为，像法国和英国这样的西方民主国家是软弱和过时的。因此，1936 年，意大利正式与德国结盟，形成“柏林—罗马轴心国”。4 年后，这个法西斯国家已经准备站在轴心国一方参战。

1924 年大选
在 1924 年的大选中，法西斯获得 65% 的选票。他们的成功，部分可归因于暴力和恐吓的增加。
1924 年

巩固权力
随着新闻审查制度的全面实施，所有独立媒体都被关闭。第 2 年，除国家法西斯党（PNF）以外的所有政党都被取缔。
1925 年

《拉特兰条约》
随着梵蒂冈市成为一个独立的国家，天主教教会和政府之间的关系在新的协议下得到加强。
1934 年

入侵阿比西尼亚
在支持了法、英对抗德国的“斯特莱沙阵线”后，意大利向阿比西尼亚派遣军队，夺取了一块非洲殖民地，并为 1896 年的惨败报了仇。
1935 年

意德关系
墨索里尼改变了他的政治倾向，变得更接近希特勒，11 月两国签署了“罗马—柏林轴心”协议。
1936 年

《反共产国际协定》
未来的轴心国——意大利、德国和日本签署了一项协议，巩固了对抗其政治敌人苏联的野心。
1937 年

入侵阿尔巴尼亚
随着战争的临近，墨索里尼发动了对阿尔巴尼亚的进攻。1 个月后，阿尔巴尼亚被击败，佐格国王流亡。
1939 年

《钢铁条约》
5 月，意大利与德国签署《钢铁条约》，在德国 9 月入侵波兰后，意大利宣布中立——但它不会保持中立太久。
1939 年

参战
墨索里尼被第三帝国的实力表现所打动，选择与德国结盟，并站在轴心国一方参与“二战”。
1940 年

失败的战争
意大利在战争中犯下了一系列的军事失误。它备战不足，一直依赖德国的援助，直至盟国入侵。
1944 年

1944

① 意大利在 1861—2002 年的货币单位。2002 年元月后意大利开始使用欧元，里拉正式退出流通。

② 此处是指第一次意大利埃塞俄比亚战争（1895—1896），虽然意大利军队拥有良好的装备和军事技术，但仍被埃军击溃。最终，意大利在 1896 年 10 月 26 日与埃塞俄比亚签订了《亚的斯亚贝巴条约》，承认埃塞俄比亚主权的完整。

纳粹国家内部

希特勒残暴统治下的德国生活

《每日快报》的记者 D. 塞夫顿 · 德尔玛匆忙冲入黑夜。1933 年 2 月 27 日深夜，一场大火正在德国国会大厦肆虐。德尔玛认出了已到达现场的希特勒。

当消防队队员与“地狱之火”作战时，希特勒告诉德尔玛，“这是上帝给予的信号”，希特勒还说：“我相信，如果这场火灾被证明是欧洲共产党人的‘杰作’，那么，现在就没有什么能够阻挡我们用铁拳将这害群之马除掉了。”

穿透柏林夜晚的警笛声不仅宣告了熊熊烈火在燃烧，也宣布了德国的新开始。希特勒谋划将这场大火定性为一场由欧洲共产党人引燃的恐怖主义袭击——尽管今天人们确信，纳粹是这场大火的幕后主使——为纳粹的独裁铺平了道路。

次日，《国会纵火法令》颁布，取缔了一系列公民自由，不到 1 个月，《授权法》出台，允许总理不经议会同意即可颁布法令，此后，国会名存实亡。

纳粹现在是唯一的执政党，希特勒最终将成为独裁者。德国人民必须做好准备在纳粹统治下生活，这将“促使一个光荣的人民团体团结在一个政党和一个慷慨的领导人之下”，这个领导人将强迫全国接受他那可怕的意识形态……

希特勒青年团

纳粹试图建立一个军事化国家，希特勒青年团在 20 世纪 30 年代成为一个重要的组织

德国曾有过长期蓬勃发展的青年运动，在 1933 年之前，活跃着几十个俱乐部和社团。希特勒青年团成立于 1926 年，它起初并不是一个受欢迎的组织，直到纳粹上台，取缔或综合了其他团体后，才始见兴旺。纳粹最初掌权时，青年团不到 6 万人，而 1939 年，当青年团成为强制性组织后，已发展至近 900 万人。

▲ 希特勒青年团还教人持枪

此运动的目的是培养一个由士兵组成的国家。男孩从 6 岁开始加入“幼童军”，10 岁加入“德国少年团”，14 岁加入“希特勒青年团”，直

至可以参军为止。“希特勒青年团”的成员们都谨记一句格言：“忠诚地生活，勇敢地战斗，微笑着死去。”

许多男孩在青年运动中产生了友情，而家境不太殷实的一些孩子尤其喜欢诸如比赛、夏令营、露营等将大家团结在一起的活动。事实上，很多孩子都是违背父母的意愿加入青年团的。然而，随着年龄的增长，特别是在战争期间，当严格的纪律和军事训练成为青年团强调的重点时，他们中的一些人发现自己的热情在减退。

在男孩们被训练成国家勇士的同时，女孩们也被鼓励进入一个团体，即德国少女联盟。这个团体对10岁以上的女孩灌输对日耳曼母性的坚定看法。她们学到的格言是：“忠诚、纯洁、德式。”1939年，当加入这个团体成为义务时，女孩们的热情也被削弱。

▼ 希特勒青年团在露营

希特勒青年团的日常活动

1. 射击

射击是所有10岁及以上的成员必须参加的活动。在20世纪30年代的德国，拥有步枪并不常见，射击在当时是一项长期受男孩欢迎的活动。

2. 运动

体育课是希特勒青年团活动的重要组成部分，尽管必修课健美操常常不受欢迎。男孩们被鼓励进行竞技体育，特别是田径和拳击。

3. 教育

核心教育被放在学校课程中，与此同时，纳粹利用青年活动宣传其排外政策，传播针对犹太人和其他“外来者”的种族主义。一些希特勒青年团的年长成员还要参与到冲锋队的种族主义攻击中去。

4. 军事训练

希特勒青年团花费大量时间培养男孩们遵守纪律与尊重权威，并认为这两点对塑造未来战士不可或缺。军事训练包括阅兵式地面演习、摩尔斯电码、挖地沟等。

5. 野营

在春夏两季进行的野营，是另一项受孩子们欢迎的活动。德国的青年运动很早就有在圣灵降临节（即复活节后的第7个星期天）露营的传统。

6. 徒步

这一活动尤其重要，经常与露营相伴。它能够日渐增强成员的体力、纪律感及相互之间的友情，同时还可以普及诸如地图读解等方面的实用技能。徒步经常被鼓励在星期天进行，以分散男孩们对教堂活动的注意力。

7. 仪式

孩子们欣赏检阅、盛典以及纳粹的生活礼仪，这些礼仪在他们心中建立了一种目标感和群体感。希特勒青年团的鼓号队在纳粹社会活动中发挥了突出作用。

8. 音乐与歌唱

对那些不擅长运动的男孩们来说，音乐与歌唱是一个重要的领域，因希特勒青年团对华丽事物的偏爱，这个领域成为其不可或缺的一部分。帝国青年领袖巴尔杜·冯·希拉赫认为：“歌曲拥有最强大的团建力量。”

女人

在纳粹意识形态下，女人的位置无疑是在家里……

▲ 黑德维希·罗德，因育有8个孩子而被授予“母亲十字勋章”

纳粹党在宣扬“纯雅利安人”的优越性时，把对男人和女人的陈词滥调渲染到了可怕的程度。男人将成为伟大的战士，乐于为元首和帝国献出生命。与此同时，女人将成为强有力的家庭主妇和心甘情愿的母亲。她们也要和男人一样身体强壮，要有结实的臀部，不能穿高跟鞋，不能化妆，也不能在公共场所吸烟。“得体”是她们的口号。

“‘解放妇女’的口号是犹太知识分子创造的，”希特勒在1934年的纽伦堡党代会上指出，“对她们来说，世界就是她们的丈夫、她们的家庭、她们的孩子和她们的家园。”元首中世纪式的社会观与魏玛共和国的自由主义形成了鲜明的对比——魏玛共和国赋予妇女以选举权，同时在同工同酬与职业晋升方面也做出了改善。

根据希特勒的观点，魏玛共和国完全是本末倒置。纳粹上台后，解雇了在高级公务员职位上的妇女，并禁止妇女在3年内从事法律职业。在纳粹意识形态下，女人的位置无疑是在家里。

希特勒渴望高出生率和“良好”的道德风尚，因此推出了《鼓励婚姻法》，规定从1933年起，通过家庭用品代金券的方式，向新婚夫妇发放1000马克的贷款，以要求妇女放弃工作，她们每生1个孩子，就抵消250马克的贷款。不断增长的人口将推动德国对外扩张的长期计划。同时，没有丈夫的女人，可以自愿为党卫军“真正的雅利安人”带孩子。“纯粹的”德国人和“外来者”之间的婚姻是被禁止的。

1929年，纳粹宣传部部长约瑟夫·戈培尔指出：“女性的天职是变得美丽，并把孩子带到人间。”“雌鸟为她的配偶打扮自己，为他孵蛋。作为交换，雄鸟负责采集食物、守卫和抵挡敌人。”

纳粹党上台后成立了一系列组织以在妇女中宣传其世界观，其中包括1933年成立的德国妇女联盟。这个联盟负责监督德国社会的所有女性，到1939年“二战”爆发时，已经拥有超过600万的成员。然而，供应军粮的压力最终导致纳粹改变了对妇女的政策。从1939年开始，他们鼓励妇女重返工作岗位，尽管如此，她们的岗位也主要是在农业和工业领域。

◀ 纳粹军官莱特·赖歇尔同他的妻子和12个孩子，他的妻子佩戴着黄金“母亲十字勋章”

德国“母亲十字勋章”

由政府授予“母亲十字勋章”的制度设立于1939年，其目的是在德国妇女中鼓励谨小慎微、“高尚道德”以及多育能力。这项荣誉在8月12日希特勒母亲生日那天被授予。勋章分为三类。

第三等级
青铜勋章
授予养育4—5个孩子的母亲

第二等级
白银勋章
授予养育6—7个孩子的母亲

第一等级
黄金勋章
授予养育8个或8个以上孩子的母亲

政治宣传

在《我的奋斗》中，希特勒着重强调了“宣传”在其创建新德国时所起的重要作用

根据元首的首席公关约瑟夫·戈培尔的说法，宣传是最现代化的工具，也是纳粹“征服一个国家最锐利的武器”。希特勒上台后，成立了国民启蒙宣传部，利用艺术、广播、电影、印刷媒体、建筑、戏剧和音乐，宣传关于雅利安人的优越性、人民的共同体以及民族社会主义的纳粹意识形态，而这些定义极富种族成见，且非常极端，不是“好”就是“坏”。

纳粹试图激发民众的军事精神和备战意识，同时宣扬“希特勒神话”，即把元首塑造为人民的总理，一个发誓要解救被压迫的德国、将德国从“一战”后世界超级大国的桎梏中解救出来的领袖。

从 1939 年开始，一经开战，纳粹的宣传策略就转换了焦点，以期保持公众士气，动员人民参战。但这在 1943 年的斯大林格勒战役惨败后，变得越来越困难。因此，在政权的最后几年，希特勒和戈培尔将关注点放在布尔什维主义的威胁上，并不断加大反犹太主义的宣传。随着战争的持续进行，纳粹还利用宣传来要求人民下更大的决心。

宣传机器无法阻挡战争的浪潮，尽管它一直活跃到战争结束之前，但最终还是与纳粹国家的其他所有机制一起走向了崩溃。

希特勒神话

“一个民族，一个帝国，一个领袖”

1938 年

当纳粹准备发动战争时，他们试图团结公众，共同支持一个强大的战争独裁领袖。约瑟夫·戈培尔认为，“希特勒神话”是他有史以来最伟大的公关妙计。

强大的德国

“逢战必胜”

1943 年

在斯大林格勒战役过后，当战争的风向开始不利于希特勒的军队时，他仍试图通过这场战役来庆祝纳粹的 10 年统治，借以维护公众的决心。

反犹太主义

“深入敌后：犹太人”

1945 年

随着战败的加剧，纳粹加大了“反犹”的力度，宣称德国是由犹太人领导的国际阴谋的受害者，希望据此来促进德国的团结。

起源

纳粹政权对文化活动很有好感——当然，只有在其服务于自己国家之时

魏玛共和国所享有的文化自由为纳粹所诅咒，纳粹认为，艺术表达缺乏道德上的刚强。

在纳粹看来，现代主义是犹太人的代名词，因此他们摒弃了任何形式的抽象艺术，如表现主义、立体主义或无调音乐。由于与非裔美国人有关联，爵士乐也受到鄙视。他们还认为，女权主义也是非雅利安人的作品。

宣传部成立了帝国音乐厅，借以弘扬德国伟大的古典音乐大师的音乐，如贝多芬和布拉姆斯。音乐厅由著名作曲家理查德·施特劳斯领导，直至他1935年离任。据说希特勒是理查德·瓦格纳的歌迷，他所创作的歌剧颂扬了日耳曼的神话与文化。然而，这个国家更喜欢通俗歌曲和流行音乐，因此，第三帝国奋力对其人民进行严格的音乐文化管制。

纳粹确实取得了巨大的成功，他们控制了电影，戈培尔认为电影是他宣传工作中的一个重要工具，并在1933年成立了一个帝国电影工作室。在希特勒上台的那年，有64部好莱坞电影在德国上映，而到了1940年，只有5部。迪士尼动画片仍然很受欢迎，但政府资助的绝大多数电影都包含某种形式的政治信息。其中最著名的，也是现代电影史学家们公认领先于其时代的，是莱尼·里芬施塔尔的作品，比如关于1934年纽伦堡党代会的纪录片《意志的胜利》以及关于1936年柏林奥运会的纪录片《奥林匹亚》。

宗教

尽管希特勒从未正式宣布放弃他的信仰，但是到了1939年，纳粹实际上已不再与教会联系

宗教对于纳粹来说是一个复杂的问题。几乎60%的德国人是新教教徒，其中主要是在德国福音教会的组织下。而从1933年起，纳粹就试图将德国福音教会置于中央帝国教会之下。

然而，许多牧师抵制这一行动，大约5000名持不同政见者组成宣信会，以反对纳粹干涉宗教事务。与此同时，罗马天主教教会成员（约占人口总数的30%）将目光投向德国以外，向罗马寻求精神领袖。

希特勒与天主教教徒合作，努力与梵蒂冈达成协议，教皇承认纳粹政权，而新政权则同意让天主教教会在德国国内自行运作。然而，纳粹仍然对天主教教徒怀有敌意，并在1934年臭名昭著的“长剑之夜”[①]杀害了弗里茨·格利希等宗教领袖。

1937年，面对纳粹的不断镇压，教皇庇护十一世决定，天主教教会将不再保持沉默，他写信给主教，抨击纳粹对天主教的态度。至此，双方关系破裂。纳粹并没有适当地采取行动，这不足为奇。因为1939年，一系列的侵略行为大大削弱了天主教教会在德国的影响力。教会从未对第三帝国进行过有效的抵抗。

▲ 1933年，路德维希·米勒被任命为德意志帝国主教

① 是指希特勒于1934年6月30日至7月2日对其政敌进行清算的事件。在此事件中，大多数死亡者为纳粹冲锋队成员，可能达数百人，超过1000名反对者被逮捕。大部分参与行动的是党卫队及盖世太保。此次行动加强并巩固了国防军对希特勒的支持。

▲ 20世纪30年代，军事机械的生产急剧增加

纳粹国家内部

即将到来的、与超级强国的对抗，需要经济转型

1933 年 2 月，德国许多家庭集聚在收音机旁，听希特勒针对失业采取行动的讲话。1929 年和 1930 年的经济大萧条，给当时刚从“一战”的余波中恢复过来的德国经济带来了毁灭性的影响。1932 年，三分之一的工人失业。希特勒要拯救德国工人，无论是农业工人还是产业工人。“4 年内，”他宣称，“必须攻克失业问题。”

尽管纳粹的大部分成功是建立在先前政权的政策基础之上，但他们的确成功地创造了就业机会。不过，这些数字因一些因素的影响存在偏差，比如纳粹要求妇女待业，相应地为男性劳动力创造了就业机会。他们还在 1935 年重新实行征兵制，这再次为年轻人提供了就业机会，同时他们还让“不良分子”直接从国家的经济数字中消失。

德国银行总裁亚尔马·沙赫特在 1933—1936 年监管经济复苏。因纳粹着手一项庞大的公共工程计划，为企业提供税收优惠，使其能够雇佣更多的员工，向重整军备迈出了第一步。

纳粹还以“德国劳工阵线”取代了魏玛共和国时期的工会，使前者成为全国最大的组织，集中精力鼓舞工人士气，鼓励人们去追求希特勒的“人民共同体”理想。

从 1936 年起，负责重建德国空军的赫尔曼·戈林接管了经济事务，并帮助执行雄心勃勃的“四年计划”，力争在 1940 年前使德国完成备战。1939 年，德国军费开支占国民收入的 25%，同期比较，英国为 16%，美国仅为 1%。

在“四年计划”下，戈林旨在使德国自给自足，纳粹宣传机器进入超速运转状态，鼓励人民秉承爱国主义精神，始终购买德国货。宣传机器谎称生活水平提高了，徒步和由旅行社安排的一揽子旅游成为全国性娱乐。20 世纪 30 年代，德国失业率下降，但激进的重整军备政策导致重要商品短缺，使得许多人的工时延长。高质量食品的消费也在减少，如肉类、培根、牛奶、鸡蛋、鱼类、蔬菜、糖、热带水果和啤酒等。

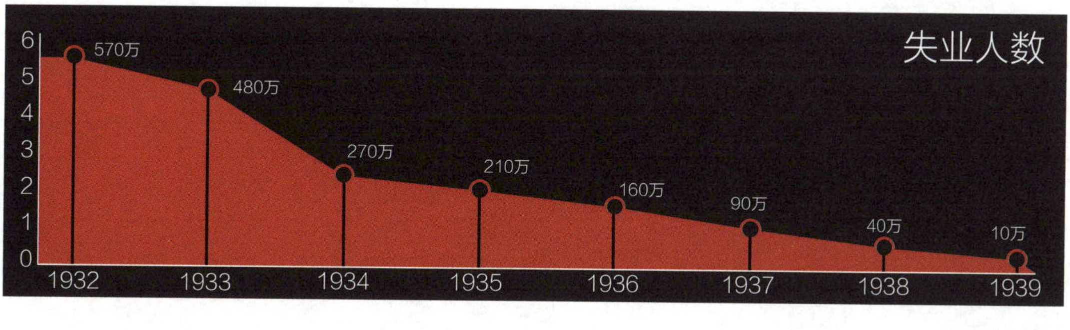

波兰的沦陷

德国对波兰迅速且骇人听闻的入侵引发了一场全球战争，
导致 6000 余万人死亡

征服波兰

1939

●**入侵开始**
德国在凌晨开始了对波兰的野蛮入侵，首先是空袭。
1939 年 9 月 1 日

●**维斯特布拉德战役**
在入侵的最初几个小时，德国战舰“施莱斯维格一荷斯坦号”向波兰的一个军事基地开火。
1939 年 9 月 1 日

●**维斯瓦河**
德国人在发动进攻的两天内，到达距离德国边界 10 千米的维斯瓦河。
1939 年 9 月 3 日

●**英国和法国**
英国对德国宣战，作为对德国入侵波兰的回应。当天下午 5 点，法国也随之宣战。
1939 年 9 月 3 日

●**罗兹陷落**
在罗兹军团最初击退德军的进攻后，罗兹城落入德国第 8 集团军之手。
1939 年 9 月 3 日

●华沙郊区
第2天，德国第4装甲师到达华沙附近。
1939年9月8日

●布楚拉战役
波兰的塔德乌什·库特泽巴将军发动了一次英勇的反击，给震惊的德国军队造成重大损失。
1939年9月9日

●掘壕防守
当两支德军接近时，波兰人埋伏在防御阵地，等待机会猛攻。
1939年9月15日

●被困
德国人迅速包围了波兰的防御线，进而开始轰炸他们的阵地。
1939年9月15日—16日

●流亡政府
在失去所有希望的情况下，波兰政府逃离了这个国家，在巴黎成立流亡政府。
1939年9月17日

●布楚拉的白旗
由于数千名士兵在战斗中丧生，波兰人在布楚拉投降。
1939年9月19日

●胜利阅兵
德国军队在布雷斯特—立托夫斯克镇举行胜利阅兵。
1939年9月22日

●投降
由于德国地面部队的逼近以及苏联对波兰东部的占领，华沙最终被迫投降。
1939年9月22日

●吞并
完成了对波兰的征服后，德国正式吞并了波兰的西半部。
1939年10月8日

1947

希特勒入侵波兰的决定，使世界走上了一条空前野蛮的全球战争之路，这场战争持续6年，最终死亡数百万人。对波兰的征服是德国国防军的一次速胜，是“二战”前期多次令人震惊的胜利中的第一次。但这绝不是德国试图发动的、希特勒认为“对德国生存至关重要的”战争中不可避免的一步。

在入侵之前，希特勒实际上视波兰为未来入侵苏联的潜在盟友。希特勒认为，向波兰提供在乌克兰的领土利益，以及作为支持与苏联作战的回报、助其凭借自身努力重新安置受迫害的犹太人，将会是一个非常有吸引力的建议。他迅速采取行动以确保与波兰的合作，两国甚至在1934年1月26日签署了互不侵犯条约。但是，希特勒似乎严重失算了。

在第三帝国提出了一系列建议后，波兰外交部部长约瑟夫·贝克于1939年1月5日拒绝了希特勒的建议。1月25日，德国外交部部长约阿希姆·冯·里宾特洛甫再次尝试说服波兰人支持德国，但也遭到断然拒绝。拒绝顺从决定了波兰的命运。希特勒决定把整个波兰从地图上抹去。在他看来，波兰已然丧失了生存下去的权利。入侵波兰的计划（代号为“白色方案”）最早是在1928年由德国陆军总司令维尔纳·冯·弗里奇起草的。后经贡特尔·布卢门特里特将军和埃里希·冯·曼施坦因将军调整，于1939年6月15日（被波兰拒绝之后）最终确定，德国将从三面入侵波兰。在1939年9月1日德国闪击波兰之前，希特勒通过广播无耻地声称，这是对波兰进攻德国的反击，公然把波兰描绘成侵略者。与此同时，一群穿着波兰军服的德国党卫军队员袭击了德国电台，这与炸毁学校、剧院和纪念碑的计划一起，被视作波兰“暴行”的“证据”。敌对行动始于轰炸维纶镇——德国空军摧毁了该镇四分之三的地区，造成约1200人死亡。不久，一艘德国战舰向格但斯克港的波兰军事基地开火。随后，德国军队从北部和西部向边境渗透，德国军队与斯洛伐克联军从南部侵入。这次三管齐下的攻击目标是华沙。

德国的突击速度惊人，正赶上波兰军队的中期动员。到9月3日，希特勒的军队已抵达距离德国边界10千米的维斯瓦河。4天后，第30步兵师经由德国设计的桥梁，渡过瓦尔特河，同一天，第8集团军占领了纺织城罗兹。

塔德乌什·库特泽巴
——波兰的反抗将军

领导波兰反击德国入侵的那个人，曾经历过“一战”的恐怖。塔德乌什·库特泽巴是奥地利帝国陆军上尉的儿子，他在萨拉热窝指挥军队，亲眼见证了塞尔维亚和俄国前线的作战行动。

华沙在“二战”中被围困后，库特泽巴被德国人俘虏，在战俘集中营里度过了余下的战争时间。1945年4月，美军解放波兰后，库特泽巴被召至伦敦，担任波兰流亡政府的国防部部长。但他拒绝了这一职务，转而去负责一个委员会，对波兰军队1939年的战役以及波兰战士在整个战争期间对西方的贡献进行评估。

1947年，库特泽巴在伦敦逝世，享年61岁。

撤退

波兰军队虽举步维艰，但仍奋勇拼搏，以形成紧密结合的防守。当他们这么做的时候，德军第4装甲师已于9月8日接近华沙郊区，与此同时，海因茨·古德里安将军率领他的第3坦克部队于9月9日越过纳雷夫进攻布格河一线。华沙也在同一天遭到袭击。波兰所能做的只有进行一次全面的撤退，并在后退的同时放弃波兰走廊和卡托维兹。

以塔德乌什·库特泽巴将军的计划为指导的反攻，令波兰军队终于获得了一线希望。库特泽巴被德国军队围困在维斯瓦河以北、布楚拉河以南。他认识到，他的波兹南军团有一个优势：即德国人不太清楚他的兵力在哪儿。9月9日晚，库特泽巴的军队从布楚拉河南部发动进攻，开始了整场战役中规模最大的一次战斗。这场战役后来采用了这条河的名字。机警的波兰将军意识到，由第30步兵师掩护的德国第8集团军没有足够的安全保障，因此将靶心对准了他们。此次发动的反攻（也包括骑兵）如此之凶猛，以至于德军被推回约20千米，近1500名德国士兵伤亡，约3000人被俘。

第4装甲师被迫停止了对华沙的进攻，赶去帮助受到震惊的第8集团军。然而对德军来说幸运的是，尽管波兰夺回了许多城镇，但其攻势迅速退去。

随着德国第10集团军和第4集团军在布楚拉河的会师，以及德国南方集团军群和第4航空队飞机的到来，波兰人的处境很快变得岌岌可危，被迫转入防御。他们很快被德军包围。德军在800辆坦克和空军的支援下，于9月16日开始从各个方向展开进攻。在波兰军队的大部分士兵被歼灭（估计有2万人死亡）或投降时，有一些人设法突出了重围，向华沙挺进。其中就有库特泽巴将军，他设法到达了首都。

波兰政府意识到，逃离这个国家是他们唯一的选择。政府成员越过罗马尼亚边境，流亡巴黎。在布楚拉战役中幸存的士兵于两天后投降，但其努力并非徒劳，他们为加强华沙防御工事赢得了时间。

投降

9月22日到达首都后，库特泽巴将军旋即投入首都保卫战之中，暂时担任华沙陆军副司令。然而，他的英勇奋战被证明是无用的。华沙陆军司令尤利乌什·罗梅尔看出了此战的不祥之兆，于是恳求他的同僚与德国人展开投降谈判。9月28日，库特泽巴签署了正式的投降文件。至此，德国完成了对波兰的征服。为了消除波兰的精英阶层试图复国所带来的任何威胁，大部分精英几乎当即被杀戮。这些残忍的入侵者很快又将目光转向波兰的其他居民，设立犹太人贫民区，犯下了各种罪行。

德国征服波兰动用了62个师，历时1个月，造成约6.6万波兰人和1.6万德国人死亡。面对德国的闪电战，波兰军队表现出勇气与顽强，但无济于事。德国闪击波兰致使英国和法国于9月3日对德宣战，一场血腥的全球战争的车轮被启动。

26

39

关键时刻

战争中一些最具代表性时刻的战术、技术和诡计

63

74

敦刻尔克奇迹

1940 年 5 月，在盟军撤退过程中，
34 万名士兵从德国闪电战的狂怒中被解救出来，
这使得英国陷入了战争

法国组织尤为不力，这是花费太多金钱和精力于马其诺防线的结果。

1940年6月22日，法国投降，此后，英国将独自抵抗纳粹德国。一场迅速的闪击战在短短数月将法国赶出战争，幸而有此次穿越英吉利海峡的紧急撤退，英国远征军才得以从欧洲大陆成功逃离。敦刻尔克奇迹是一个令人难以置信的壮举，它给予了英国继续与第三帝国作战所需的士气和有生力量。如果没有敦刻尔克大撤退，英国将只能低头凝思成迅雷不及掩耳之势到来的失败。

1940年5月，随着德国装甲师进入阿登，历时8个月的“假战争”戛然而止。英法两国已就防御战略达成一致，而这将令德国国防军和空军陷入困境。英法都清楚希特勒所构成的威胁，并尽其所能进行绥靖，以避免另一场战争。德国对波兰的入侵最终使其陷入冲突，后来，希特勒把注意力转向西欧。法国陆军有着“世上最强陆军”的美誉，他们认为，横跨法国东部边界的马其诺防线是几乎无法被攻破的防御工事。而英国远征军将会保护低地国家免受入侵。1940年5月10日，在入侵波兰9个月后，三个德国集团军群向西欧发动大举进攻，同一天，温斯顿·丘吉尔接替尼维尔·张伯伦出任英国首相。德国计划，A集团军群翻越法国丘陵众多、树木繁茂的阿登山区，B集团军群进攻荷兰和比利时，C集团军群则严密监视马其诺防线。这次进攻是希特勒的妙举，完全出乎盟军的意料。英法均极大低估了德国战争机器的力量，尤其是装甲师的力量，震惊于德国穿过阿登山区的速度和猛烈程度。阿登山区森林过于茂密，因此被认为是坦克无法通过的地区。

中立的荷兰在1周内投降。德国对鹿特丹的猛烈轰炸夺去了1000名平民的生命。此后，荷兰白旗飘飘。盟军根据“D计划”也很快撤出比利时，该计划从一开始就将比利时置于被侵略的处境。

英法联军由皮埃尔·比约特、阿方斯·乔治和莫里斯·加默兰三位将军指挥，但他们彼此间一直不和。投入了很多金钱与精力的马其诺防线，被德军不费吹灰之力就占领了。再加上糟糕的通信线路、过时的战术以及训练不足、装备落后的英国远征军，盟军暴露无遗。5月16日，布鲁塞尔陷落。英法军队被进一步向西推进，人们真正担心的是，来自低地国家的两部分国防军在阿登高地把盟军拆散。5月16—21日，德军装甲师在法国境内快速穿行，在英法进行战略撤退时，他们正在完成80千米的地面推进。此时，随着德国军队向西的不断涌入，A集团军群已在默兹河上架起了三座重要的桥头堡。由于在法国战争中的溃败，撤离英国远征军的计划开始实施，这对丘吉尔来说是一个巨大的打击，他原本期待英国远征军会坚守阵地。

尽管取得了压倒性的胜利，德国的装甲部队仍需要修整。5月23日，指挥官格尔德·冯·伦德施泰特请求停止行动，希特勒担心目前西至索姆河的前线将会扩张过度，因此予以准许。这给了英国远征军撤离的宝贵时间——短短的3天。5月25日，布伦港陷落。

盟军被逐步围困至海岸，第2天，接到命令，实行“发电机计划”。这项撤军计划由海军中将伯特伦·拉姆齐策划，并由其在多佛总部指挥。从5月20日开始，就有人提出撤退建议，如果实行撤退，预计能够拯救4.5万人。当天晚上7点，计划开始施行。在欧洲大陆，英国远征军由戈特勋爵领导，他在没有通知法国和比利时盟友的情况下撤退到敦刻尔克。最初，由于仍然存在大部分英国远征军与法国余部共同展开反击的希望，这次只打算部分撤离。然而，英法联军除了5月21日在对阿拉斯的袭击中争取到了一点时间外，反击几乎没有起到任何作用。

为了撤离，英国人召集了一支由1000艘船只组成的小型船队，里面除了皇家海军驱逐舰之外，还有各种民用船只——跨海峡渡轮、蒸汽机游艇以及设有房舱的摩托艇都已准备就绪，以横渡英吉利海峡。这些“小船”（其中体型最小的是4.4米长的“塔米兹号”）由一支900名平民组成的志愿军驾驶，彰显了英国人民的战斗精神。他们将此次航程演化为故事，使它成为历史的传奇。5月26日夜间，8000名英国远征军部队人员安全撤离。紧急撤退意味着军队必须涉入海峡的冷水中，有时，海水甚至与他们的脖子齐深，但唯有如此，他们才能够来到较小的船只上，然后再由其将他们运送到船队中较大的船只上。随着越来越多的同伴抵达海岸，士兵队伍在海滩上分散开来，等待下一艘离开敦刻尔克的船。第2天，加莱落入德国人手中，撤退压力骤增，在闪电战到达海岸之前，必须尽可能多地把英国远征军带回英国。5月27—28日，2.5万名士兵连夜撤离，撤军势头进一步增强。由于敦刻尔克港已被德国空军夷为平地，英军必须从海滩上寻找登船点。后来他们发现，在敦刻尔克港的入口处，有一条被称为“东方鼹鼠”的长堤，这里有更深的水域，他们可以航行至此而不用担心搁浅或被攻击。

围绕敦刻尔克的防线一天天在缩小，然而，就在此时，德国的地面进攻停止了。希特勒谨慎地进行了前景分析，因考虑到可能会有更多的人被保护海滩的法国军队击中，遂下令戈林的空军完成余下的任务。轰炸机与战斗机低空扫射，海岸遭到猛烈轰炸。尽管英国远征军极易被击中，但空军协调不力、气象复杂以及沙尘对炸弹冲击力的缓冲都阻止了德国人的致命一击。英国皇家空军功不可没。他们在敦刻尔克大撤退中经常被批评缺乏投入，但实际上，他们成功击落了大约100架德国空军飞机，平均每架英国飞机击落4

希特勒的停战令

5月24日上午11点42分，停战令引发了争议。为了防止德军防线过度扩张，以及担忧坦克履带陷入泥泞的海岸地带，德国装甲部队被阻止继续前进，这给予英国远征军以一线生机，他们在敦刻尔克周围形成防御，随即扩大撤退规模。这项命令只持续了3天，却至关重要，盟国得以修整，而德国则失去了先机。希特勒的将军们对此反应不一，尚无人能判断这一防备举措是否必要。不管怎样，由于德军的装甲部队距离敦刻尔克不足30千米，进一步的推进将很有可能改变敦刻尔克大撤退，即“发电机计划”的结果。

▲ 敦刻尔克精神有助于加强英国的决心，此时，这个国家孤立无援，只身抵抗纳粹德国，而后者已经将注意力转向入侵不列颠群岛

架德国飞机，只是他们无法阻挡大多数的轰炸。戈林未能完成分配给他的任务，这在战争中并非最后一次。

5月的最后一天，轮到戈特离开法国，至此，已有6.8万人安全撤离。许多部队挤在海滩上停留多日，但盟军稳扎稳打，成功地完成了撤退。驱逐舰和小船艇都无法携带任何重型装备，所以英国远征军大部分的车辆和重型武器都遗落于海岸线上。

这给英国造成了车辆短缺，一直持续到1941年。到了6月，撤离开始变得越发紧张。随着港口被沉船残骸堵塞，德国在白天的空袭变得更具破坏性。现在，撤离只限于黑夜中的几个小时。而且，穿过英吉利海峡逃离的，已不仅限于英国远征军，法国和比利时士兵也加入其中，他们渴望到达英国的安全地带并重新集结。原先，只有英国远征军被允许登船离开，而此时，这已成为一个全体盟军的行动。6月3日，最后

紧急撤退意味着军队不得不涉入海峡冰冷的水中，水深齐颈。

一批人登上船，消失于黑暗的海峡，撤退全部完成。6月4日下午3点40分，丘吉尔在下议院发表演说。他赞扬了敦刻尔克的成就，但警告说："战争不是靠撤退来取胜的。"当他说到"我们将在海滩上作战，我们将在着陆场作战，我们将在田野和街道上作战，我们将在山丘上作战；我们将永不投降"时，演说达到高潮，这是丘吉尔在众议院的第一次饱含激情的演讲，同时成为丘吉尔最著名的演说之一。

就在丘吉尔这番坚定的话语响彻议会当天，德国第6军进入了敦刻尔克。海滩上散落着未能逃离的士兵尸体，他们都是德国空军机枪的受害者。此时，希特勒的目光已经转向巴黎和法国的其他地区，他确信，英国即使完成了这次撤离，也会在失去主要盟友后很快投降。第2天，国防军向南进军巴黎，500万法国难民逃往法国南部以寻求安全。鉴于已经在鹿特丹和华沙发生的事情，法国首都巴黎在几乎没有抵抗的情况下，被德国宣布为"不设防城市"。6月22日，法国战役结束，双方在凡尔赛签署了和平条约。22年前，德法在"一战"后也曾在同一地方签署停战协定，只不过那时，法国是坐在胜利者的桌前。

敦刻尔克大撤退是一个壮举，但也绝非没有损失。共有6艘英国驱逐舰、3艘法国驱逐舰和217艘盟军船只被击沉，177架盟军飞机被击落。161艘勇敢的小船现在仍静静地躺在英吉利

▲ 荷兰城市鹿特丹遭到猛烈轰炸；第2天，荷兰向德国投降

▲ 英国远征军司令戈特勋爵离开敦刻尔克，至此，6.8万名远征军官兵全部撤离

海峡的海底。这些小船已经竭尽全力，但最终，三分之二的盟军还是由39艘英法驱逐舰运送撤离海滩。共有34万英国、法国、比利时和加拿大的官兵从敦刻尔克安全撤离，总共55.8万人从法国各港口撤离。

英国虽然处于劣势，但并未出局。英国远征军未能阻止德国国防军前进，其失败证明了闪电战的威力，但同时也显现出，英国和法国对这场突如其来的战争准备得多么不充分。敦刻尔克大撤退可能是一个失败，但这次成功的撤军给予了盟军继续战斗的希望；敦刻尔克大撤退也许不是一场胜利，但绝非是一场溃败，这对丘吉尔来说至关重要。英国各地的报纸都将其誉为奇迹，但也有负面报道。报道称，士兵们回来时士气低

奇迹般地逃离法国

1940年

●西线重燃战火
在德国入侵波兰9个月之后，随着国防军越过边界进入比利时，“假战争”宣告结束。尼维尔·张伯伦辞去英国首相职务。
1940年5月10日

●轰炸鹿特丹
荷兰城市鹿特丹遭到猛烈轰炸，第2天，荷兰向德国投降。
1940年5月14日

●比利时撤退
布鲁塞尔沦陷后，因担心被两路德军分别从南北方向钳制住，盟军从比利时撤退。
1940年5月16日

●“发电机计划”
在不到1周的时间里，德国国防军装甲师完成了80千米的地面推进，因此，撤退计划被提上议事日程。法军对阿拉斯的反击牵制了德国的进攻。
1940年5月20日

●停战令
此时，德军前线距敦刻尔克仅30千米，希特勒叫停了装甲部队的继续前进。这给予了英国远征军开始撤退所必不可少的时间。
1940年5月23日

●撤退开始
布伦港陷落的第2天，英国8000名士兵在一夜之间穿过英吉利海峡，被带回本土。第2天，加莱陷落，离开法国已成当务之急。**1940年5月26日**

▲ 撤离不仅限于敦刻尔克。盟军士兵被从许多法国城镇带回英国

落，他们沮丧地发现，他们根本无法应对德国装甲部队的力量，而且确信，德国入侵英国已为时不远。甚至还有关于敦刻尔克逃兵，以及因英国士兵逼迫法国士兵下船而造成内讧的报道。

这次被称为“敦刻尔克神话”的撤退，被赋予了比实际更多的成功意义。事实上，如果不撤离，英国将出现大量的战俘，并将处于与希特勒签订和平协议的被动边缘。当希特勒在埃菲尔铁塔前拍照时，入侵英国本土的计划已经开始了。法国将军魏刚评论道：“3 个星期之内，英国人就会像鸡那样被扭断脖子。”法兰西之战已结束，不列颠之战即将开始。

1.9 万多名
当敦刻尔克周边被封锁时，仍有 1.9 万多名英国远征军官兵撤离，但是，他们无法带走大部分的重型装备，只能将其遗散在海滩上。
1940 年 5 月 28 日

戈特撤离
英国远征军司令戈特勋爵退出敦刻尔克，至此，6.8 万远征军官兵撤离完毕。
1940 年 5 月 31 日

夜间撤离
随着德国空军轰炸的升级，撤离只能在黑暗的掩护下完成，仅限于夜间的几个小时。
1940 年 6 月 1 日

最后一晚
撤离的最后一晚，34 万英军、比利时军和法国军官兵已得救。
1940 年 6 月 3 日

德国进入敦刻尔克
就在盟军部队逃离后的第一天，德国士兵攻入敦刻尔克，并将其据为己有。丘吉尔在下议院发表了振奋人心的演说。
1940 年 6 月 4 日

法国战役重新开始
希特勒掉头向南，命令国防军入侵法国北部的其余地区，俘虏所有剩余的士兵。
1940 年 6 月 5 日

法国政府迁往图尔
因巴黎受到威胁，法国政府离开首都，去图尔建立了一个新的据点。
1940 年 6 月 10 日

法国投降
希特勒提出和平条件，法国人同意，并在凡尔赛签署了文件。法国战役结束了。
1940 年 6 月 22 日

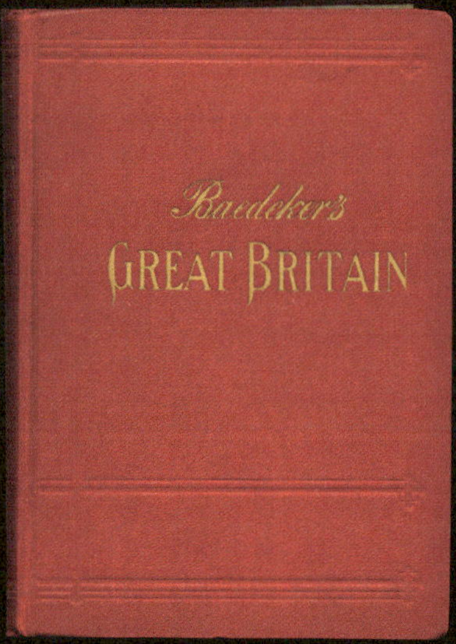

◄ 在整个19世纪和20世纪，贝德克尔著名的红皮旅游指南，是德、英两国书架上普遍存在的一道亮丽风景线

希特勒的“地狱之旅”

发动贝德克尔闪电战

一本旅游指南是如何引领纳粹并让他们知晓英国哪些地区“应遭到轰炸”的

2016年5月13日，英国城市巴斯，建筑工人在一片曾是中学的工地工作。他们在挖掘的过程中，在原本是孩子们操场的位置，偶然发现了一个险恶的东西。当他们清理一个1米长的金属气缸上的泥土时，很明显地看到了一个黑暗时代的可怕遗存：1942年4月被投下的一枚250千克重的未经引爆的德国炸弹。这个炸弹仍然有可能摧毁半径在50米以内的任何东西。

军方爆破专家安全地拆除了这枚炸弹，这一发现揭开了一个埋藏近75年的故事——贝德克尔突袭。“二战”期间，希特勒的纳粹空军对英国发动了闪电战，军事区域或重要的工业大都市是众所周知的目标。伦敦因其码头、考文垂因其飞机厂、纽卡斯尔因其造船厂而遭受重创——而巴斯因何致祸呢？毕竟，1643年英国内战高峰期圆颅党人①和保皇党人在那里近距离对峙后，这座城市就再没有军事意义。

① 圆颅党：17世纪中期英国议会中的知名党派。其最盛时期约在1642—1651年的英国内战时期。该党成员身为清教教徒，皆将头发理短，在样貌上与当时权贵极为不同。因为没有卷发，头颅相较之下显得十分的圆，因此被命名为Roundhead，即

希特勒正在对苏联发动一场规模巨大但无法取胜的战争。那么，他为什么在同一时间，投入至关重要的资源，攻击了一个以茶馆而非军事目标而闻名的地方呢？

▲ 除了许多房屋和学校被毁外，约克市政厅也在德国突袭时被烈火焚烧

此时，希特勒正在对苏联发动一场规模巨大但无法取胜的战争。那么，他为什么在同一时间，投入至关重要的资源，攻击了一个以茶馆而非军事目标而闻名的地方呢？答案就在德国波罗的海沿岸城市、吕贝克以东约 1448 千米处……

1940 年 8 月 25 日，为提升士气，英国皇家空军首次对德国进行了大胆的空袭。攻击目标是柏林，虽然造成的损害很轻微，但对德国人的心理予以巨大的打击。因为就在 1 年前，德国空军司令赫尔曼·戈林还曾吹嘘说，将不会有一枚敌方炸弹落于德国本土。

并不是说那些袭击最初有多重要。英国皇家空军只有 280 架轻型轰炸机，由惠特沃思的惠特利式轰炸机、执行过柏林突袭任务的飞机等组成。英国首相温斯顿·丘吉尔曾为皇家空军轰炸机司令部设想过一些重要的任务，但这些飞机显然不适合。

由于英国军队在敦刻尔克丢盔卸甲地冲入大海，以及欧洲大陆据点的丧失，丘吉尔认为，空中轰炸是英国反击第三帝国的最大希望。1940 年，不列颠战役期间，在喷火式和飓风式战斗机击退德国的入侵后不久，丘吉尔宣布："皇家空军的战士可能是我们的救星……只有轰炸机能为我们提供取胜的方法。"他认为，德国可能会因被轰炸而屈服。

为了完成这个任务，一种新型的重型轰炸机被紧急投入生产，其中最引人瞩目的是阿夫罗·兰开斯特轰炸机。1942 年，一位新的冷酷的总指挥官——空军上将阿瑟·特拉弗斯·哈里斯，被任命为皇家空军轰炸机司令部总司令，他

▲ 空军上将"轰炸机"哈里斯下令对吕贝克发动攻击，这次突袭加速了德国的"贝德克尔闪电战"

后来被人们称作"轰炸机"哈里斯。丘吉尔现在有了合适的武器，而哈里斯则将是那个能够完成任务的人。现在，在继续进行全面战争的政策下，他所需要的只是官方对轰炸行动的准许。1942 年 2 月 14 日，英国政府向皇家空军下达了区域轰炸的指令，授权皇家空军追击平民目标，并将此作为一项政策。随即，哈里斯开始将丘吉尔毁掉德国的设想变成现实。他决定首先让吕贝克体验一下其关于战略区域轰炸的新想法。

虽然是港口，但吕贝克只是一个文化中心，几乎没有任何军事意义。严格来说，它几乎是不设防的。这个以中世纪建筑闻名的优雅小镇，被哈里斯视作易攻的低风险目标。突袭定在了 1942 年 3 月 28 日的晚上，此时的季节和气候条件都很有利。当晚是满月，月光洒在易北—吕贝克运河、特拉维河以及瓦克尼茨河上，令这些供养城市的水域看上去像着陆跑道一样，而季

"炸掉《贝德克尔旅行指南》上标有三颗星的英国的每一栋建筑。"

——古斯塔夫·布劳恩·冯·施图姆男爵

被拯救于大火之中

为什么《贝德克尔旅行指南》如此受到纳粹的推崇？

纳粹时代最令人震惊的画面之一，是公众焚书。在德国学生组织的一场戏剧性的夜间仪式上，一群年轻的狂热分子把“颠覆性”文学作品扔到巨大的篝火上。那些被认为是犹太人、左翼、和平主义者或非德国人写的作品均被点燃。事实上，当地纳粹运动的激进分子们认为，任何“不道德”的东西最终都应被付之一炬，成千上万的书籍就这样被销毁了。不过，《贝德克尔旅行指南》向来都不在其中。

这些旅行指南以卡尔·贝德克尔的名字命名。卡尔·贝德克尔曾是普鲁士的出版商，他创立了这一品牌，并将其传给了他的儿子们。从1827年起，这些指南就开始流传，随着纳粹党推行的国家社会主义的兴起，成为德国国民生活的一部分。不过，它们受到大众的欢迎却不仅仅是由于其提供的地图、时间表和旅行感悟。这个帝国时代的产物同时也充满了陈词滥调，即纳粹特别赞同的：德国人都好，外国人都懒惰、不值得信任，或有臭味。事实上，纳粹不仅在《贝德克尔旅行指南》上盖了橡皮图章，而且还实际委托出版了几本，其中包括一本德国占领军在波兰的指南，同时帮助“编辑”其他他们认为合适的指南。纳粹还对各种指南的销售对象进行限制。

尽管这个公司的莱比锡办事处在1943年12月4日的空袭中被摧毁，公司还是在战争中幸免于难，并继续出版图书，直至今日。

▲ 1933年，德国学生焚烧被视作纳粹国家威胁的书籍，《贝德克尔旅行指南》不在其中，相反，它们被纳粹的宣传人员所使用

节性的白霜保证了清晰的能见度。

正如哈里斯后来在他的回忆录中所指出的，“吕贝克是第一个走向恶化的德国城市”。哈里斯写道：“它不是一个重要的目标，但在我看来，摧毁一个中等重要的工业城镇，比未能摧毁一个大型工业城市要好。这次攻击的主要目的，是了解第一波飞机在多大程度上可以通过引发火灾来引导第二波飞机到达瞄准点——我命令两波飞机之间要间隔半小时，以便在第二波飞机到达之前，控制好火势。这次进攻总共出动了234架飞机，投放了144吨燃烧弹和160吨烈性炸药。至少有一半的城镇被毁，主要是由于火灾。”哈里斯解释说，“这最终证明，即便是我当时的小股部队，也能摧毁一个次要城镇的大部分地区。”

▲ 在德国和英国，贝德克尔闪电战引发了公众的想象，很快就遭到了报纸漫画家们的嘲笑

由于防御工事太少，哈里斯的一些轰炸机在距地面600米高的地方就开始轰炸了（比通常的轰炸高度低2400米），这摧毁了吕贝克。威力足以震垮房屋屋顶的重磅炸弹由第一波轰炸机投下，引发最初的大火，随后，燃烧弹在第二波轰炸开始的时候被散投在已经没有屋顶的建筑物上，点燃了这座城市。轰炸约造成1000人伤亡，1.5万人失去家园，吕贝克约62%的建筑受到影响。

在此次袭击的几天后，纳粹帝国宣传部部长约瑟夫·戈培尔在日记中写道：“损失确实巨大……有人给我看了关于此次毁灭性轰炸的新闻。人们可以想象如此的轰炸对全体人民的影响。”

“英国空袭的范围在扩大，重要性在增长，这是我们无法回避的事实。太可怕了。如果他们继续这样下去，可能会使民众的士气严重受挫。”

由于担心吕贝克突袭和其他类似的袭击可能会磨灭德国民众坚定的信念，纳粹开始谋划报复性袭击。当然，德国也曾试图通过轰炸令英国屈服。对英国长达9个月的闪电战给城市带来了大范围的破坏，但未能从根本上打消其士气。1941年5月，这场耗资巨大、看似毫无意义的战役就此完结，德国空军开始准备下个月的对苏入侵，将其大量物资向东转移。

到1942年初，希特勒在西部的空军余部已经无法发动对英国持续的大规模空袭。然而，却可以像戈培尔所说的那样，“对文化中心发动严厉的报复性袭击，特别是那些几乎没有防御的文化中心”。

第一个遭受攻击的城市是德文郡安静的教堂城市埃克塞特。此前，该市的居民基本没有受到过战争的影响，而在4月23—24日晚，当德国

毁灭指南

旅行指南是如何帮助希特勒决定轰炸哪些城市的……

在所有被《贝德克尔旅行指南》涵盖的国家中，英国的内容最详尽。原因有三。首先，最初的指南是受英国出版商约翰·默里出版的一系列旅游书籍的启发，默里是出版这一类型书籍的先驱。其次，作为维多利亚时代最强大的国家，英国被其他国家（包括新兴的德国）视作渴望达到的文化标杆。最后，到了20世纪，英国是《贝德克尔旅行指南》的第二大消费国，仅次于德国，多本指南被译成英语。事实上，在维多利亚时代游记风靡一时，英语中曾经还短暂出现过“贝德克尔中”（baedekering）一词，意思是为了书写一个国家而去该国观光。

这些书包括地图和详细的路线、住宿及景点信息，从1846年起，书中开始使用星级体系对这些信息进行评估，因此成为最早的现代旅游指南。冯·施图姆男爵在描写纳粹将如何“炸掉《贝德克尔旅行指南》上标有三颗星的英国的每一栋建筑”时，所指的就是这个星级体系。以下是1937年的《贝德克尔旅行指南：英国卷》对纳粹试图夷平的三个城市所进行的描述。

巴斯 1942年4月25—26日

“其冬季温泉在英国首屈一指，是一个拥有6.8万居民的美丽城市……集考古、历史、风景和社会吸引力于一体，在英国省级城镇中无人能及。这是一座有着新月形建筑群和一排排房屋的城市，用‘巴斯石’建造而成的帕拉第奥式建筑，逐层盘旋而上，高达1828米。巴斯所拥有的外观主要归功于建筑师约翰·伍德，在18世纪的城市规划方面，他造就了令人钦佩的典范。”

损失 约417人死亡，1.9万栋建筑被毁

▲ 巴斯的圣·安德鲁教堂，在遭受轰炸前已经矗立800多年，因严重受损，不得不被拆除

诺维奇 1942年4月27—28日 5月8—9日

“诺维奇大教堂比英国其他任何教堂都更多地保留了其原始的诺曼结构。这里还有许多其他有趣的建筑。总的来说，诺维奇迷人、美丽，尤其值得赞扬。”除了对诺维奇能够给予人们的许多乐趣进行了详尽的介绍外，指南还包括一张详细的城市地图，显示了诺曼城堡、大教堂以及15世纪市政厅的位置。而所有这些手册上提到的建筑都在4月27—28日晚的第一次袭击中遭受毁坏。

损失 死伤850多人，2万多间房屋被毁

▲ 诺维奇大教堂在4月的空袭中遭到毁坏，图为在其残骸中举行的一次教堂仪式

约克 1942年5月28—29日

“一座拥有8.48万居民的古城，约克郡的首府。它坐落于乌斯河畔，是广阔肥沃的约克山谷中心。古老的城墙依然矗立着，许多街道弯曲而狭窄，还有不少古色古香的老房子。”随附的城市地图显示了宏伟的15世纪市政厅、维多利亚时期的火车站和中世纪的教堂，所有这些也都在空袭中被点燃。

损失 92人死亡，数百人受伤，9500多座建筑受损或被毁

▶ 约克火车站在空袭时被击中，上午10点15分，从国王十字车站开往爱丁堡的火车也被击中，车上满载乘客

▲ 像这样的由德国多尼尔（Dornier）公司研制生产的Do217型重型轰炸机，在贝德克尔闪电战中进行了大量轰炸

◀ 在针对诺维奇的贝德克尔突袭后，一名空袭执行长把一个无家可归的孩子抱在怀里

炸弹的袭击造成73名平民丧生、20人重伤时，他们才发现自己已身处战争前线。这是对未来的一种威胁性预示。

在首次埃克塞特袭击后的第2天，德国宣传部干事古斯塔夫·布劳恩·冯·施图姆男爵发表了一份声明，宣布袭击成功，并警告说，纳粹现在会去“炸掉《贝德克尔旅行指南》上标有三颗星的英国的每一栋建筑”。他巧妙地引用了流行于德国的旅游指南，引发了公众的想象力，但也激怒了他的上司戈培尔。戈培尔热衷于把英国的袭击当作恐怖主义行为进行宣传，而德国对此的回应则应被认为是正当的反击，而不是蓄意破坏英国的文化宝藏。但后者正是突袭的初衷，于是“贝德克尔闪电战”这个词语诞生了。

4 月 26 日，在哈里斯发动了另一次毁灭性的突袭后——这次是针对波罗的海的德国港口罗斯托克——希特勒在柏林克罗尔歌剧院发表演说，承诺进行报复。

“如果在英国，用新方法对平民进行空战的想法普遍被接受，”他怒吼道，“那么我想立刻向全世界宣告……如果我现在被迫做出一个将会给其人民带来巨大苦难的回应，这个人（丘吉尔）可能不会再有机会哭号和呜咽了。从今以后，我将以牙还牙，直到这个罪犯倒下。”

希特勒言出必行，就在当天晚上，巴斯被袭击了。这座完全没有设防的城市很快就被点燃了。这次突袭造成 417 人死亡，1.9 万座建筑物被摧毁或损坏，包括该市华丽的乔治亚议会厅

波束之战

无线电波如何引导贝德克尔轰炸机的机组人员在黑暗中找到目标，英国如何设法阻止他们……

夜间的英国村庄漆黑一片，为了帮助德国空军机组人员在其上空进行导航，德国工程师想出了一种叫作“弯腿”（knickebein）的装置。1940 年，一架德国轰炸机被击落，在搜查时，飞机上的情报提到了这个奇怪的词，英国的情报部门才首次注意到它。调查显示，“弯腿”是一个新系统的代号，该系统使用无线电引导德国飞行员找到目标。这个想法很简单，即从欧洲大陆发射一个单一的无线电波（或波束）到英国。使用一种被称为洛伦兹系统（Lorenz system）的跟踪装置的改装版本——商业航空公司在战前使用该系统帮助引导飞机进入机场，来自单一发射器的波束即可引导轰炸机朝目标飞行。从欧洲另一地区发射的第二个波束将在炸弹投掷点穿过第一个波束。飞行员需要做的就是跟随第一个波束，直到与第二个电波的交会点。在整个闪电战和贝德克尔空袭期间，德国都使用这个系统以及这个系统的高频升级版，但最终被英国的反制措施弄得毫无用处。反制措施包括发射欺骗性的波束来迷惑德国飞行员。

▲ 1940年，在一架被击落的德国轰炸机上，英国人发现了一份情报，第一次了解到“弯腿”制导系统

（Georgian Assembly Rooms，于 1963 年被修复）。

与埃克塞特空袭一样，这次空袭也是主要由 Do217 重型轰炸机实施的，有 30—40 架，来自德国空军第 3 轰炸联队每隔两三个小时出击两次，每架轰炸机都能携带 3000 千克的炸弹。这是一种恐怖的毁灭模式，而且贯穿于整个贝德克尔闪电战中。戈培尔在突袭后的日记中写道，希特勒打算“连夜重复这些突袭，直到英国人厌倦了恐怖袭击，他完全同意我的观点，即文化中心、健康度假胜地和平民中心必须要遭受袭击……没有其他方法能使英国人恢复理智。他们属于这样的一类人，即只有先把他们的牙齿打掉，才能与其对话”。

第 2 天晚上，轮到了诺维奇被炸。

同样，这也是一个几乎没有自卫能力、没有真正军事价值的城市。超过 90 吨的炸弹被投放，猛烈地轰击了这座城市，造成 850 人死伤，近 2 万座房屋被毁。

目击者约翰·阿尔佩当时只有 7 岁，但是多年后，在接受英国广播公司《“二战”人民战争》节目的采访时，回忆起那次突袭，往事仍历历在目。“对我来说，它开始于晚上 11 点半左右，我惊醒于父亲的喊声，他是一名‘一战’老兵，当时他大声喊着，‘炸弹，炸弹！’那一刻，我们一家，爸爸妈妈，两个姐姐和我，都正在床上睡觉。我是家里最小的，我亲爱的妈妈一定是从床上匆忙地拽起我，迅速下楼，进入客厅，然后和我一起飞扑向餐桌，以迅雷不及掩耳之势钻到餐桌底下。我们躲避得都很及时。德国空军的第一波飞机正在投下他们的高爆弹，夷平这座城市，然后再用燃烧弹进行空袭，燃起具有毁灭性的熊熊烈火……”

约克成了下一个目标，第 2 天晚上就遭到了袭击。此时，空袭警报对人们来说已经司空见惯，在这个古老的北方城市的屋顶上，它响了不下 800 次；但是，几乎所有的警报都是虚晃一枪。因此，4 月 28 日晚，当警报再次响起时，这个城市的许多居民都只是翻了个身，然后继续睡觉。直到周围的街道发生爆炸时，大部分人才真正开始逃命。

在引爆炸弹后，基本上没有对手的德国轰炸机开始用机枪低空扫射街道，惊恐的平民纷纷逃往避难所。这次袭击持续了 90 分钟，死伤 300 多人，其中 5 名修女死于她们所在的修道院屋顶坍塌，这座修道院建于 17 世纪。另有 9500 座建筑被损坏，包括 15 世纪的市政厅、中世纪的教堂和许多学校。

英国的任何一个城市，无论对战争多么的无关紧要，现在都不能认为自己可以免受德国的攻击。1 周后，埃克塞特——最初的贝德克尔目标——再次遭到轰炸。不过，此次，这座城市没那么容易被放过。1942 年 5 月 3—4 日晚，德国人在 10 天内第三次袭击该市，向街道投掷

埃克塞特是西方的宝石。现在我们已经摧毁了它，德国空军即将返回，以执行下一个任务。

——“哈哈勋爵”①

①“哈哈勋爵”：威廉·乔伊斯（1906 年 4 月 24 日—1946 年 1 月 3 日），出生于美国，是爱尔兰—英国裔的法西斯主义者、“二战”时期纳粹德国宣传部对英广播的广播员。英国公众根据这位新播音员夸张的笑声，给他起了个绰号叫“哈哈勋爵”（Lord Haw-Haw）。

燃烧弹，用机枪扫射街道。德国轰炸机飞行员恩斯特·冯·库格尔在突袭结束后记录道："对埃克塞特人来说，这是一个恐怖的夜晚，当我接近这个城镇时，明亮的反光指引着我。我看到城镇中所有街道的房屋都着火了，火焰从门窗里冒出来，吞噬了屋顶。"

他继续写道："人们四处逃散，消防队员疯狂地试图扑灭火焰。""这是一个不可思议的景象——看到此景的每一个人，都不会忘记这场巨大的灾难。我们想到了成千上万的男人、女人和孩子，他们因我们的到来而成为受害者，但同时，我们又记起了元首以及他下达的命令：'复仇。'深思熟虑过后，我们执行了命令。"

然而，对于那些在地面上的人来说，他们所遇到的场景远非"不可思议"一词所能够形容的。目击者布莱恩·波拉德当时18岁，他回忆道："我们被空袭警报惊醒。因听到了爆炸声，我们认为，最好穿上衣服去地下室找个地方躲避，但我们没能走那么远。爆炸声似乎很近，我们被燃烧弹包围着。燃烧弹长12—15英寸①，直径或有两三英寸。它们含有镁，一旦接触，就会白热化并喷出燃烧的碎片。两枚这样的炸弹从已经被爆炸震碎的一楼前卧室的窗户射进来。我们试着用水灭火，但家具很快就烧起来了。我发现更多的燃烧弹已穿过了屋顶，阁楼很亮，对面和邻近的建筑物也很亮。我们只能离开。"但事实证明，对于这个家庭来说，离开是一项艰巨的任务，而避难所似乎也提供不了什么掩护了。

"最近的公共防空洞在457米外，"他继续说，"这是很危险的，但在相互的帮助下，我们像许多人那样到达了避难所。"

"但掩体内部比外部更为可怕，在外面，至少爆炸的冲击波是分散的，人们可以看到坠落砖石的远近。而附近燃烧的建筑令避难所内部极为闷热，噪声从四方袭来。接着是机枪扫射。静电箱被打穿，几英寸深的水涌入了避难所。最后，飞机终于撤走了，尽管火仍在继续燃烧，人们已开始转移。"

当波拉德和他的家人从黑暗中走出来时发现，他们美丽的城市冒着烟，已经成为一片被烧焦的废墟。有1500多座房屋被毁，另有2700座房屋受损严重。另外还有400家商店、150个办事处、50多个仓库、36家酒吧和俱乐部都在一夜之间消失了。除了造成平民中156人死亡和563人受伤外，该市约12.14万平方米的土地被摧毁，许多古建筑被炸毁或被焚毁。修建于15世纪的大教堂遭到严重破坏，都铎、乔治亚和维多利亚时代的许多地标性建筑永远消失了。与此同时，市图书馆中的约100万本书和历史文献被付之一炬，只剩下一团大火仍然燃烧着。埃克塞特的恢复将需要至少20年。

在所有的贝德克尔突袭中，这次对埃克塞特的袭击是最具破坏性的。"埃克塞特是西方的宝石，"纳粹宣传员"哈哈勋爵"在5月4日的一次广播中，用英语告诉英国听众，"我们已经摧毁了那颗宝石，德国空军即将返回，以执行下一个任务。"5月8—9日，德国空军真的返回去轰炸诺维奇了。不过由于雷达和战斗机的掩护，这次突袭明显没有那么有效了。最后一次贝德克尔闪电战的袭击是在6月6日，这是坎特伯雷（在《贝德克尔旅行指南：英国卷》中被描述为"英格兰的基督教会首府"）在过去1周内遭到的第3次轰炸。最严重的一次袭击发生在6月1日，德国空军投下了3600枚燃烧弹和130枚高爆炸弹，以试图摧毁坎特伯雷历史悠久的大教堂。幸而有火灾警戒员从屋顶扔下数百个燃烧装置转移

① 1英寸约等于2.54厘米。

▲ 清早，在埃克塞特闪电战中被摧毁的商店废墟旁，一名还穿着睡衣的消防员在喝茶

了德军的视线，这个11世纪的杰作才得以保存下来。然而，这座城市的中世纪中心大部分被摧毁了。

尽管德国空军继续对英国城镇进行无差别的小规模突袭，但到了1942年夏天，贝德克尔闪电战结束。随着与苏联之间的冲突进入史诗般的规模，希特勒本就超负荷运转的战争机器已无法再将宝贵的资源投入到一场空袭战役中。此次袭击造成英国共1637名平民死亡，5万多座房屋被摧毁，许多具有文化意义的建筑也遭到破坏。然而，作为一种战术，对平民区进行轰炸已被证明是基本无效的。英国人比任何人都清楚这一点，但在丘吉尔的领导下，他们仍顽强地坚持对德国这样做，直到战争结束。实际上，英国大量的战争努力主要体现在轰炸机司令部，它承担了令人震惊的高伤亡率（大约50%），而这仅仅是为了能够对德国平民实施越来越残忍的惩罚。这种歼灭的政策，在战争行将结束的日子里，会在德累斯顿的风暴中达到顶峰。

谍影重重

他们是间谍、特工、破译者和破坏者
——为了削弱纳粹德国而在暗处作战的英国秘密军队

在灾难性的法国战役过后，英国发现自己在世界上孤立无援：它是站在希特勒和已被征服的西欧之间唯一的大国。面临被入侵的威胁，丘吉尔的军队也已支离破碎，他需要一个计划来控制局面。于是，他转向特工部和新成立的 SOE（特别行动处），试图把战争还给希特勒。一个由特务、海外游击队战士、破译密码的技师和受过专门训练的破坏者组成的独特团体，为了盟国的利益将不遗余力地去扭转局面。

在这里，我们选择了 20 位最著名的特工，并将他们的故事公之于众。他们中的大多数都致力于推翻暴政，也有一些选择了支持独裁政权。许多人为此献出了生命。

重要特质

大多数人都致力于推翻暴政，也有一些人选择了支持独裁政权。许多人为此献出了生命。

伊恩·弗莱明

“詹姆斯·邦德”的创造者，
在军事情报方面享有卓越的职业生涯

伊恩·弗莱明在1939年以记者身份前往苏联报道一项贸易协议，然而，他真正的使命是，在战争开始前，探知苏联的军事实力和士气。战争开始后，弗莱明被任命为海军情报局局长约翰·戈弗雷少将的助理，并在皇家海军志愿预备役特种部队中担任中尉——这也是他在后来创作的著名文学作品《007》系列中授予其主角詹姆斯·邦德的军衔。

弗莱明帮助建立了英美两国在特工方面的联系，参与了“30冲锋队”的组建，这是一支旨在支援部队、为战争搜集重要情报的英国突击队。他们最伟大的成就之一是缴获了一台恩尼格玛密码机（也译作“谜式”密码机）——德国加密设备的关键部分，以及获取了德国海军的全部记录。

他还被普遍认为是《鳟鱼备忘录》（*Trout Memo*）①的作者，该文件为1943年的“肉馅行动”提供了灵感——人们把一个已经死了的流浪汉假扮成英国军官，辅以假文件，然后丢弃在西班牙海岸，以伪装成盟军入侵西西里的样子。尸体被冲走后由德国特工拾获。

弗莱明对秘密行动的了解，体现在他所创作的有史以来最著名的虚构特工——詹姆斯·邦德身上，1953年的小说《皇家赌场》中的英雄。此后，弗莱明续写了13本以邦德为主角的《007》系列。这位英雄的名字取自一位鸟类学家，不过像M和Q（《007》系列中两个核心人物的绰号）这样的人名则取材于他在英国情报界的经历。人们认为M的性格是基于弗莱明的上司戈弗雷少将。

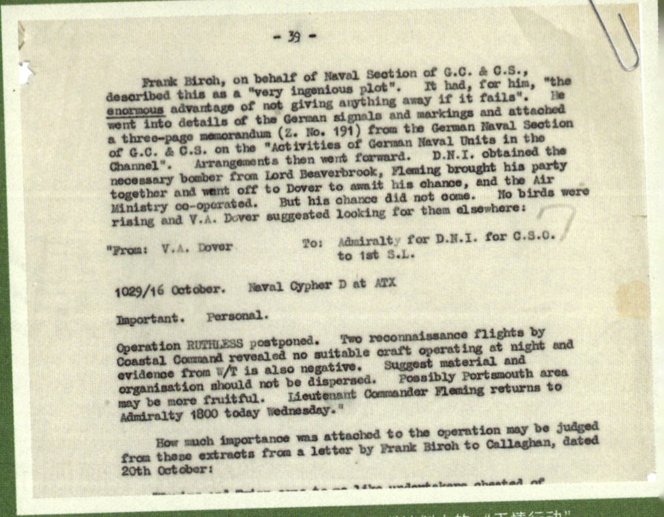

- 39 -

Frank Birch, on behalf of Naval Section of G.C. & C.S., described this as a "very ingenious plot". It had, for him, "the enormous advantage of not giving anything away if it fails". He went into details of the German signals and markings and attached a three-page memorandum (Z. No. 191) from the German Naval Section of G.C. & C.S. on the "Activities of German Naval Units in the Channel". Arrangements then went forward. D.N.I. obtained the necessary bomber from Lord Beaverbrook, Fleming brought his party together and went off to Dover to await his chance, and the Air Ministry co-operated. But his chance did not come. No birds were rising and V.A. Dover suggested looking for them elsewhere:

"From: V.A. Dover　　To: Admiralty for D.N.I. for C.S.O. to 1st S.L.

1029/16 October. Naval Cypher D at ATX

Important. Personal.

Operation RUTHLESS postponed. Two reconnaissance flights by Coastal Command revealed no suitable craft operating at night and evidence from W/T is also negative. Suggest material and organisation should not be dispersed. Possibly Portsmouth area may be more fruitful. Lieutenant Commander Fleming returns to Admiralty 1800 today Wednesday."

How much importance was attached to the operation may be judged from these extracts from a letter by Frank Birch to Callaghan, dated 20th October:

▲ 弗莱明概述他间谍计划中的“无情行动”

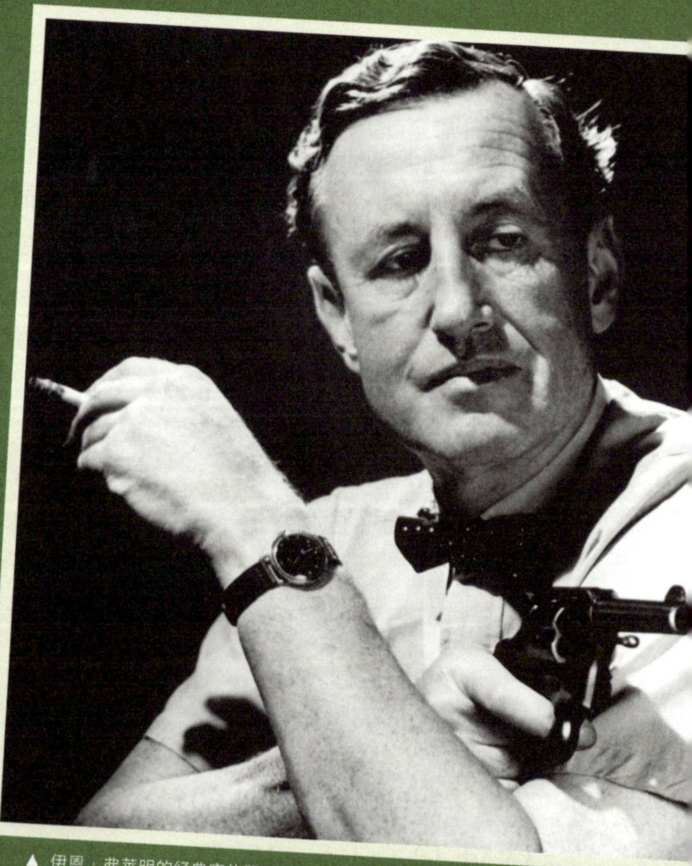

▲ 伊恩·弗莱明的经典宣传照

▲ 美国歌手霍奇·卡迈克尔（Hoagy Carmichael），是弗莱明心中邦德的样子

①《鳟鱼备忘录》写于1939年9月，它将欺骗敌军和飞蝇钓相提并论，并列出了敌方（鳟鱼）可能被引诱的54种方式，其中第28种提出了利用携带伪造文件的尸体来迷惑敌方的战略。

罗杰·兰德斯

被出卖者的复仇

罗杰·兰德斯与克劳德·贝萨克一起工作后，接管了“科学家网络”，不过在遭到法国抵抗运动领袖、安德烈·格兰德莱门特出卖后，他被迫逃往西班牙。在英国，他曾被怀疑是一名叛徒，后来被证实无辜，并在“D日计划”①前返回法国并帮助重建网络。抵抗运动的领导人当场就遣散了格兰德莱门特，兰德斯被迫担负杀害格兰德莱门特妻子这一令人不快的工作。

利奥·马克斯

SOE 的首席密码师

马克斯于1942年1月应征入伍，接受过密码员训练，后来加入了SOE，而非成为布莱奇利园②的一员。他对一批SOE派往欧洲被占领区的特工进行了简要介绍，其中包括努尔·艾娜雅特艾娜雅特·汗以及被派去摧毁希特勒在挪威的重水设施的“松鸡/燕子”破坏者小组。马克斯认识到现有密码系统存在严重的缺陷，于是开始与特工们合作，记录那些未被发表但令人印象深刻的诗。他还重新改良了一次性便笺簿，特工和内政部仅持有两份这种用于沟通的随机信件便笺簿，且会在使用后被销毁。

---

① 指诺曼底战役的计划。在军事术语中，D日（D-Day）经常用来表示一次作战或行动发起的那天。1944年6月6日——诺曼底战役打响之日，被认为是迄今为止最著名的D日。详见后文。

② 布莱奇利园：Bletchley Park，曾经是“二战”期间英国在伦敦设立的密码破译中心。详见后文。

“汤米”约·托马斯

激发詹姆斯·邦德灵感的超级特工

约·托马斯，代号“白兔”，在被盖世太保抓获、折磨之前，曾空降到法国三次。他被带到布痕瓦尔德集中营，但成功逃脱。有一次，在法国的火车上，他与克劳斯·巴比，一位被称作“里昂屠夫”的纳粹分子进行了交谈。和邦德一样，据说他也运用了很多技术从敌人手中逃脱——包括从火车上跳下来、勒死一名警卫、乔装打扮、驾驶灵车——据说他也很受女人欢迎。他后来赢得了乔治十字勋章。

弗朗西斯·萨蒂尔

网络策划者在最后一刻背叛

弗朗西斯·萨蒂尔被任命建立和管理设于巴黎的普罗斯珀间谍网（the Prosper network），然而他蓄意破坏链式发电站、损毁1000升汽油，还对奥尔良—巴黎铁路线货物列车进行了一系列袭击。他还在格里尼翁国立农业学院建立了一个安全屋，此屋被称作是SOE在法国最重要的安全屋之一。普罗斯珀间谍网的崩溃是一场悲剧，数百名SOE特工和抵抗战士被迅速背叛和俘虏。

约瑟夫·盖伯瑟克和扬·库比斯

在“类人猿行动”中献出生命的捷克斯洛伐克士兵

这两名捷克斯洛伐克流亡军队中的士兵在 SOE 的指导下进行了“类人猿行动”——1942 年 5 月，在布拉格暗杀纳粹党卫军副总指挥莱因哈德·海德里希。尽管这个胜利招致党卫队对该地区平民进行了可怕的报复，但是，此次任务是“二战”期间刺杀纳粹高级军官行动中唯一成功的。

约瑟夫·盖伯瑟克和扬·库比斯空降到捷克斯洛伐克的部队。在计划并终止了一些暗杀任务后，他们决定伏击海德里希的汽车。5 月 27 日上午，当海德里希走近时，盖伯瑟克走到车前，用英国研制的斯特恩式轻机关枪进行射击，但枪出现卡壳，海德里希遂得以用手枪进行还击。库比斯随后向汽车投了一枚爆炸物，飞溅的弹片穿过保险杠，嵌入海德里希的左手。在盖伯瑟克和库比斯逃跑之前，枪战一直在继续。

6 月 4 日，海德里希因伤势过重去世。希特勒对所发生的一切感到非常愤怒，立即下令进行报复，其中包括利迪策[①]大屠杀，导致整个村庄被摧毁。尽管进行了残酷的报复，纳粹还是无法找到凶手，直到抵抗军战士卡雷尔·库达向盖世太保自首，并背叛了小组在当地的联络人。在以残忍的盖世太保审讯技术为特征的恶性搜捕之后，盖伯瑟克、库比斯和其他伞兵最终被围困在布拉格圣·西里尔和圣·美多迪乌斯大教堂。在这里，他们或死于猛烈的枪战，或在纳粹逼近时自杀。

▲ 约瑟夫·盖伯瑟克

▲ 海德里希被袭击后的奔驰车

① 捷克斯洛伐克的村庄。

特工工作

揭秘令人眼花缭乱的英国情报机构

◄ 军情六处位于伦敦的现代化大楼，它是特工世界的符号性地标

军情九处

它负责审讯敌方战俘，协助盟军战俘越狱和逃跑，并协助向成功抵达英国的战俘汇报情况。此外，军情九处还负责与仍在押的人员联系，通过秘密渠道向他们发送指令和装备，直至1941年。

军情六处

也被称为秘密情报局（SIS），至今仍是英国政府的主要外国情报机构。在“二战”期间，军情六处在美国、加拿大和其他地方设立了秘密行动办公室，在所有战场都成功开展了行动。

军情八处

作为战争办公室的信号情报科，负责建立和管理一个被称为“Y电台”的全球无线电传输站网络。在1939—1941年，军情八处负责了18个月的通信安全和无线电安全服务，直到被军情六处吸收。

军情七处

管理英国报界和宣传。在“二战”爆发时，该部门改组，主要是由文职人员担任审查员和宣传员。1940年春，军情七处的大部分职能移交给了英国新闻部。

军情五处

军情五处又称安全局，是英国国内的反间谍机构和情报局的安全部门，今天仍然很活跃。在“二战”期间，军情五处制订并实施了“XX双重间谍计划”，并通过皇家爱国学校的伦敦接待中心控制外国人进入英国。

军情十处

在“二战”期间，它负责分析全球各类技术情报，包括定期对从战场上运到英国的被缴敌方武器和各种新兴技术进行评估。军情十处现已并入政府通信总部。

海军情报部门

海军情报局（NID）成立于1912年，也被称为“39号房”。在“二战”期间，它负责处理海军超传输解密，并部署搜集信息的特工和30个突击队。其官员活跃在全世界的英国战区，参与了“火炬行动”和“霸王行动”[1]。

---

① “霸王行动”（Operation Overlord）为诺曼底战役的代号。盟军为入侵的各个行动指定代号，该代号是指在诺曼底登陆并建立一个大规模的滩头阵地，直到8月19日盟军越过塞纳河。

彼得·弗莱明

这位风度翩翩的作家和冒险家是东方秘密战争的发起者

彼得·弗莱明是伊恩的哥哥，他凭借迷人的外表不费吹灰之力就成为了英国情报界的头面人物，他与科林·古宾斯合作组建了辅助部队，如果德国人入侵成功，他们将在英国进行抗战。当古宾斯离开去组建 SOE 时，他带走了伊恩。

1941 年 4 月，彼得·弗莱明和一队特工携带 1 吨炸药、4 万英镑的现钞和金币以及意大利袖珍词典进入希腊北部。他们占领了马其顿的一个关键山谷——莫纳斯蒂尔峡谷，用以抵抗强大的德军力量，在撤退和破坏敌人通信之前，炸毁桥梁和铁路。弗莱明和他的手下还帮助英国副领事和外交人员撤离到开罗。

弗莱明因其能力被调到印度，然后又被调到锡兰，领导负责东南亚军事欺骗行动的 D 师。他在英国入侵缅甸（1942 年日本入侵缅甸时失去的一块领土）的过程中发挥了重要作用，他散布虚张声势的假消息，将英国在该地区的兵力描述得远远大于实际。1945 年 6 月，他的努力为他荣获大英帝国官佐勋章（OBE）[①]。

努尔·艾娜雅特·汗

一位勇敢的公主、间谍，她的生命以悲剧告终

艾娜雅特·汗是迈索尔 18 世纪统治者提普苏丹的后裔，1943 年 2 月，进入 SOE 之前，曾加入过女子辅助空军，用名诺拉·贝克。尽管她对自己是否适合担任秘密机构的角色持保留态度，但她还是成为了第一位被派往法国的女性无线电话务员，并在普罗斯珀间谍网的崩溃中幸免于难。

尽管 SOE 的法国行动负责人莫里斯·巴克马斯特上校下令让她离开，但她还是勇敢地留了下来，并继续将信息传回英国，成为 SOE 在整个地区唯一的、最重要且最有价值的人。不幸的是，1943 年 10 月，她被一个双重间谍出卖，随后被盖世太保抓获。她两次逃脱，但都被立即抓回。据说，当她被转移到普福尔茨海姆监狱时，一直以蹲着的姿势被锁着。

① OBE 全写为 Officer of the Order of the British Empire，大英帝国勋章中第四级，每年授勋的人数不可多于 858 位。

艾伦·图灵

帮助破解恩尼格玛的数学天才

艾伦·图灵是一位出生于伦敦的杰出的数学家。他先后在剑桥大学和普林斯顿大学求学，随后进入英国编、解码学校工作，直至“二战”前。英国宣战后，图灵开始在白金汉郡的布莱奇利园担任全职工作，在那里，他努力破译德国及其盟国使用的军事密码，为此，他必须破解恩尼格玛密码机 。

恩尼格玛密码机是德国武装部队用来安全发送信息的加密机。波兰数学家破解了原始密码，但德国人通过每天更换密码系统，增加了其安全性。图灵与同事密码员戈登·韦尔什曼一起发明了一种叫作“炸弹”的机器，复制了几个连接在一起的恩尼格玛机的活动方式，大大减少了密码员的工作。从 1940 年中期开始，布莱奇利园的研究小组开始定期读取德国空军的信号。

然而，在大西洋战役中则是另一番景象。在这里，德国海军有着更为高级的密码规则，纳粹德国海军与德国 U 型潜艇之间来回传递的信息使布莱奇利的密码员们感到困惑。不过，盟军攻下 U-110 后发现了一台完整的海军恩尼格玛机，这令他们如获至宝。他们很快将机器送至图灵和布莱奇利其他研究员的手中。不久，盟军护航队就能够永久地避开“狼群号”潜艇了。

德国人将第 4 个转子列入恩尼格玛对盟军来说是一个挫折，1942 年，当 U 型潜艇恐吓大西洋护航队时，他们再次享受了一段“快乐时光”。然而，图灵最终还是破解了这个难题。攻破德国密码的战斗是长期的。事实证明，图灵是盟国宝贵的人才。2014 年上映的电影《模仿游戏》就是对他功绩的纪念。

◀ 图灵了不起的“炸弹”计算机

托尔·格拉

挪威人，与约翰·莫配合做双重间谍

托尔·格拉，挪威公民，与约翰·莫一起在苏格兰上岸，成为英国军情五处“XX双重间谍计划”中的双重间谍。格拉参加了阶段性的破坏行动，并发送了虚假的无线电广播，使德国人确信，盟军计划在1942年入侵北非之前先入侵挪威。德国被迫在挪威驻军30多万人，以抵御从未到来的入侵。莫和格拉因与当时流行的卡通人物相似而被人们称为“莫特”和“杰夫”。但英国的管理者逐渐开始质疑格拉的持续价值，并最终在1943年将他拘留。

罗曼·切尔尼亚夫斯基

波兰双重间谍，向德国人提供了虚假的“D日”情报

切尔尼亚夫斯基曾与法国双重间谍玛蒂尔德·卡雷在失败的国际抵抗网络中有过联系，因此在逃到英国后，受到波兰情报部门的严密审查。军情六处和军情五处也都对他提出了质疑，英国方面根据军情五处的“XX双重间谍计划”对他进行了调查。切尔尼亚夫斯基以“布鲁特斯”这个代号，向德国人传递了虚假信息；然而，他强烈的反苏情绪令英国人担心，德国当局已经对他起了疑心。但是，到了1943年底，英国人认为切尔尼亚夫斯基已经可以安全行动。随后，他在“坚忍行动”中，在“D日”前传递了虚假信息，令德国人相信盟军将在加莱海峡登陆欧洲。

胡安·普霍尔·加西亚

加泰罗尼亚的双重间谍，在掩饰“D日”登陆地点中扮演了关键角色

代号为“嘉宝”的胡安·普霍尔·加西亚在加入英国并与军情六处合作成为双重间谍之前，曾向德国情报部门提供服务。他与汤米·哈里斯一起，建立了一个由27名假想特工组成的网络，通过这些“特工”，他在“坚忍行动”期间向德国人提供了虚假的信息，目的是掩饰“D日”登陆的地点。在一次关键的情报传送中，普霍尔完全骗过了德军。为了防止盟军入侵，德军在加莱海峡保留了两个装甲师和19个步兵师。这给了盟军建立据点的时间。他也因此被授予德国铁十字勋章和不列颠帝国勋章。

克劳德·德·贝萨克

法国“科学家网络”的关键人物

1942年7月30日，SOE特工利兹·贝萨克的兄弟，毛里求斯人克劳德·德·贝萨克与哈里·佩列夫一起空降法国，在波尔多地区帮助建立了“科学家网络”。他们在行动中袭击了当地的潜艇修藏坞。1944年6月初，在“霸王行动”的进攻阶段，SOE在法国的行动负责人将贝萨克送回诺曼底地区，去重建“科学家网络”，在陆军侧翼提供战术情报。他曾在一栋房子里接待了一名SAS（英国特种空军部队）队长，而这栋房子的一楼就是德国总部。

南希·格拉斯·奥古丝塔·韦克

纳粹头号通缉犯，她处境危险，却在战争中幸免于难

南希·韦克是“二战”期间在盟军服役的人中获得勋章最多的女性。在纳粹占领的法国，她一直处于危险之中。最初，她作为法国抵抗运动的信使，冒着生命危险执行任务，不屈不挠。她始终神出鬼没，盖世太保将她视为头号通缉间谍，绰号“白鼠”，并悬赏 500 万法郎索要她的人头。

韦克挫败纳粹的决心源于亲身经历。她出生在新西兰，随家人移居澳大利亚，16 岁离开家，前往纽约和伦敦。她在学习新闻工作技能的同时短暂做过护士。20 世纪 30 年代，她在赫斯特报社担任欧洲记者，亲眼目睹了纳粹上台的残暴。

随着“二战”的爆发，南希加入了法国的抵抗运动。当她所服务的网络遭到破坏时，她被逮捕，但德国人相信了韦克的一个朋友捏造的、关于她丈夫亨利·菲奥卡出轨的故事，她被释放了。经过多次尝试，她来到伦敦，自愿加入 SOE。菲奥卡则选择留在法国，后落入盖世太保手中，因没有透露南希的下落而被折磨致死。

1944 年 4 月 29 日晚，韦克空降法国，加入了由亨利·塔迪瓦特队长率领的马奎斯战斗机队伍。她训练过马奎斯新兵，曾经骑自行车 500 多千米去交付一本绝密的密码本。在一次突袭中，她以高超的柔道技术徒手猛击一名德国哨兵。

韦克在战争中幸存，获得了英国乔治十字勋章、美国总统自由勋章、法国战争十字勋章。2011 年，她在伦敦去世，享年 98 岁。

她曾经骑自行车 500 多千米去交付密码本。

▲ 南希获得了许多勋章

▲ 年轻的南希决定为战争献出一己之力

默林·明歇尔

因与伊恩·弗莱明在海军情报部门共事而有了新的冒险

默林·明歇尔是个冒险家，从伦敦大学毕业后，于1931年出发，成为第一个横穿欧洲前往黑海的英国人。作为一名狂热的赛车手，他在1937年赢得了意大利对外挑战赛，法西斯独裁者贝尼托·墨索里尼为他颁发了奖杯。明歇尔后来成为第一个驾驶装有风冷发动机汽车穿越撒哈拉沙漠的人。

1939年战争爆发后，明歇尔来到皇家海军志愿预备役报到，曾在伊恩·弗莱明手下服役过一段时间。1940年，为了阻止石油流向德国，他参与了一项用驳船封锁多瑙河的计划（以失败告终），并领导了“三叶草行动”，以监测德国在法国沿海的U型潜艇交通。1941年，他协助搜寻德国战舰“俾斯麦号”，同时指挥在太平洋服役的皇家海军“花落号”的一个部门——一部苏塞克斯无线电台。明歇尔最初否认弗莱明是詹姆斯·邦德的原型，但后来接受了这个说法。明歇尔结过4次婚，1987年去世，享年80岁。

约翰·莫

英国和挪威的双重公民，向纳粹提供虚假情报

1941年4月7日，约翰·莫和他的同伴托尔·格拉在苏格兰莫雷湾的克罗维登陆。他们曾被德国反间谍机构阿勃韦尔（Abwehr）招募去英国进行破坏活动，但他们立即与英国地方当局接触，并受到军情五处和军情六处的审问。两人都在军情五处“XX双重间谍计划”下被转为双重间谍，用德国人提供的炸药对毫无价值的目标实施阶段性破坏行动。在盟军入侵北非之前，绰号为“莫特”和“杰夫”的他们通过无线电向阿勃韦尔提供虚假情报，促使德国在斯堪的纳维亚保留了数千名士兵。

► 双重间谍莫和格拉诱骗成千上万名纳粹分子远离战斗

科林·格宾斯

纪律严明、短小精悍的苏格兰人，SOE主管

这位精力充沛的苏格兰人是SOE的主要推动者，"一战"期间，他曾在皇家炮队中服役，后来在俄罗斯为白军而战，接着又去了爱尔兰，在那里参加了1919—1921年的英爱战争。他在这两个战场上的经历使他对游击战争有了敏锐的洞察力，为英国军事情报局编写了许多训练手册，如1939年的《游击队领袖手册》，并在其中概述了破坏原则和游击战争。

在受邀监管SOE之前，科林致力于建立后备部队，如果德国人成功入侵英国，他们将要打一场反击战。他采用M作为代号（也是《007》系列中一个核心人物的绰号）。在他的指导下，SOE成立了独立的部门，以协调在特定国家的活动，其中他最为关注的是法国。SOE取得了很多成功，也经历了许多失败，其中包括一场在荷兰的灾难性战役，此次战役夺去了许多特工的生命。

作为SOE的负责人，格宾斯协调了抵抗运动在全球的活动，并与外交部、参谋长、抵抗组织代表、流亡政府和其他机构，包括他在美国战略情报局（OSS）的同行，都进行过磋商。

亨利·德里科特

这位神秘法国人的身世至今仍是个谜

在1942年8月逃到英国后，法国人亨利·德里科特加入SOE，并于次年1月回国。他主要为普罗斯珀间谍网工作，并安排运送60多名SOE特工，包括努尔·艾娜雅特·汗、维拉·利、约兰德·比克曼、伊莲娜·普莱曼、戴安娜·罗登、杰克·阿贾扎里安、弗朗西斯·萨蒂尔、珀尔·维什林顿、利兹·巴萨克。

当普罗斯珀间谍网遭到破坏时，阿贾扎里安和萨蒂尔等人认为德里科特可能是双重间谍而与之为敌。"二战"后，有证据显示，德里科特向盖世太保提供情报，导致包括艾娜雅特·汗、阿贾扎里安和萨蒂尔等在内的几名特工被捕并被处决。在接受《双面间谍》一书采访时，德里科特声称SOE把他用作三重间谍。他说，SOE意识到盖世太保已经破坏了普罗斯珀间谍网，于是故意牺牲了主要特工，以转移纳粹对"霸王行动"和"海王星行动"①中在诺曼底登陆的注意力。

据报道，德里科特于1962年11月在老挝上空坠机身亡。然而，他的尸体从未被发现，很多人认为他的死是伪造的，这样他就可以用假名过上新的生活。

▲ 德里科特声称为了保护"D日计划"，SOE牺牲了特工

---

① 海王星行动（Operation Neptune）是诺曼底战役突击阶段的代号，即在诺曼底登陆并建立一个稳定的据点。

埃迪·迈尔斯

破坏高架桥的工程师

埃迪·迈尔斯中校是“哈林行动”的指挥官，“哈林行动”是一项SOE与希腊抵抗团体联合执行的任务，旨在摧毁高架桥，从而阻碍陆军元帅埃尔温·隆梅尔通往北非的补给路线。这次破坏行动是成功的。事实证明，游击队与盟军军官合作，可以在欧洲被占领区取得惊人的战果。迈尔斯留在地面部队，建立了自己的游击队网络，他进一步的成功包括摧毁了阿索波斯高架桥。

杰克·阿贾扎里安

做出最大牺牲的无私间谍

1943年7月，当英国皇家空军军官杰克·阿贾扎里安决定返回法国执行第二次任务时，证明了自己的勇气，因他在“内科医生”间谍网的工作已经为盖世太保所熟知。在一次会议上，阿贾扎里安支持了他的指挥官尼古拉斯·博丁顿，这进一步凸显出他的勇气，因为此时他们已怀疑会议是德国人的陷阱，而事实正是如此。阿贾扎里安被捕，随后被杀害。他的妻子在SOE的F部门工作。

维奥莱特·邵博

为夫报仇的勇敢特工

维奥莱特·邵博本名维奥莱特·布谢尔，于1943年7月、其丈夫艾蒂安·邵博在阿拉曼的坦克大战中去世后，她进入SOE工作。她完成的第一个任务是检查普罗斯珀网络子链中是否有一个遭到了破坏。1944年6月初，就在“D日”的两天后，她被召回法国，目的是破坏德国的通信。

之后不久，当她在与法国抵抗运动的战士雅克·杜福尔和让·巴里奥德一起开车时，遇到了德国设置的路障，于是和杜福尔趴下进行掩护，使巴里奥德成功脱身。邵博和杜福尔向树林撤退，与追击的敌军交火。邵博脚踝受伤，在追逐中无法继续前行。她停下来后仍继续开枪，以掩护杜福尔逃离。最后，邵博被抓获并被带到拉文斯布吕克——一个妇女集中营。1945年2月被处决。

邵博的勇敢令她成为第二个赢得乔治十字勋章的女性，其褒奖词为：她虽然受尽了残酷的折磨，但从未交出任何至关重要的情报。她的功绩被记述于书和1958年的电影《女英烈传》之中。

马里安·雷耶夫斯基

重建恩尼格玛密码机的波兰数学家

20世纪30年代，马里安·雷耶夫斯基、亨里克·佐加尔斯基和杰尔兹·罗佐基3位波兰数学家共同努力，为攻克德国恩尼格玛密码机取得了重大的早期成功。实际上，雷耶夫斯基在1932年，在从未见过恩尼格玛密码机的情况下就曾制造过一台类似的密码机。

雷耶夫斯基1905年出生在布朗伯格，该城市当时是德意志帝国的一部分。他在20世纪20年代就读于波兹南大学。虽然有一些波兰密码学家曾研究过恩尼格玛，但他们的成功有限，于是在1932年秋，任务交由雷耶夫斯基完成。

雷耶夫斯基对这台机器转子系统的工作原理只有一个大致的了解，但在法国人的帮助下，短短几天内，他便成功地解开了内部线路的迷宫。波兰数学家们随后开始开发破解恩尼格玛解码的宝贵技术。

在德国入侵波兰引发“二战”的前几周，波兰数学家们在华沙以南的皮里会见了英国和法国的情报官员，展示了他们的成果。这为英国情报部门带来了技术上巨大的飞跃，使他们能够在数月内开始解密被称为“超级”（Ultra）的恩尼格玛信息。

他们一直在法国工作到1942年底。第2年夏天，雷耶夫斯基和佐加尔斯基逃到英国，加入了波兰军队，破解了其他的德国密码。

与此同时，英国和美国的密码学家率先解密了恩尼格玛的传输。波兰数学家们为此提供了至关重要的援助，但他们被排除在进一步研究之外。他们的角色在一段时间内一直是无名的。雷耶夫斯基于1980年去世，享年78岁。20年后，他被授予大十字级波兰复兴勋章——波兰授予平民、军人和外国公民的最高奖章。

▼ 波兰数学家们在破译恩尼格玛方面起到至关重要的作用

雷耶夫斯基制造了一台恩尼格玛机。

“流氓”学校

SOE 特工培训分步指南

1. 入门课程

那些被认为适合在 SOE 工作的人，首先被安排参加为期 2—3 周的课程。其间，他们将进行体能锻炼、基本的地图阅读训练和武器实操练习，尽管新成员没有被告知他们将接受 SOE 的测试。据说，还有一个酒吧用来观察这些预备特工，以了解他们在大量被灌酒时会出现怎样的行为。

2. A 组培训

通过了最初课程，学员就会被派去苏格兰参加为期 3—4 周的准军事技能培训，最著名的是在阿里赛格。他们将学会使用小武器，并在徒手格斗（由前上海警官赛克斯和费尔贝恩开发）、破坏和拆除、密集的地图阅读和基本的步兵战术训练等方面进行学习。

3. B 组培训

前两个课程很可能会使 60% 左右的候选人顺利毕业，其余的人则转至“美丽家园”和“新森林”周围的乡村房屋中进行 B 组培训。在这里，他们会学到关于敌方警察部队的防御经验，以及如何应对各种质询。他们还被教导如何以信念为掩护。

4. B 组测试

在 B 组培训期间，新成员还会上情报收集方面的课程，在参加一个持续几天的实践考试之前，新兵会被分成几个小组去执行一项特定的任务——蓄意破坏、盗窃一把斯特恩式轻机关枪等——也可能被要求抓到一名同伙。

5. 跳伞训练

一旦从“美丽家园”毕业，新成员就被派去接受技能培训，包括针对将被派往海外的学员进行的跳伞训练。这个训练在曼彻斯特附近的一个商人家里进行。学员们要从惠特利式飞机上降落至塔顿公园。他们的跳伞服有一个专门的口袋用来装铁锹，以便于让他们在降落后将降落伞掩埋起来。

6. 专业培训

SOE 为毕业学员开设了许多专业课程，比如在泰姆公园的无线电学校。那里有安全破解和秘密印刷的课程，还有先进的破坏技巧课程。没有通过早期课程的很多学生都被送往因弗莱尔（Inverlair）的“冷藏室”，以促使他们忘记曾了解过的秘密行动。

埃纳尔·斯金纳兰

帮助挫败希特勒原子弹野心的挪威民族主义者

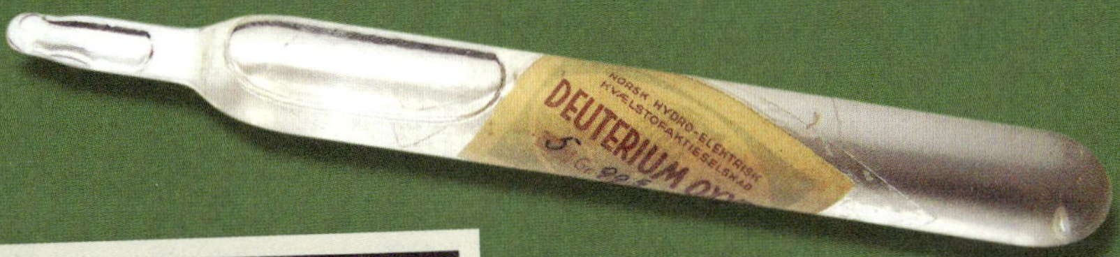

▲ 一小瓶氧化氘，纳粹原子弹野心的重要组成部分

◀ 对重水工厂的破坏使希特勒的原子弹计划成为泡影

1942 年 3 月，当一支 SOE 突击队俘虏了一艘挪威船只时，他们发现了在船上的埃纳尔·斯金纳兰，他渴望在自己祖国为抗击德国侵略者出一份力。他在靠近维莫克（挪威水电站所在地）的尤坎宣布，德国人正竞相用重水（氧化氘）推动他们的原子弹研发。一项摧毁核电站的任务交给了 SOE，SOE 将斯金纳兰送回挪威，在那里，斯金纳兰与重水工厂的总工程师交上了朋友，了解了一次突袭行动所需的大量信息，并通过无线电将此信息转发给 SOE。

随后，斯金纳兰在地面接待了一些工作人员，他们将帮助两架载有突击队工程师的英国滑翔机降落，以执行“新生行动”。不幸的是，两架滑翔机都在恶劣天气中坠毁，幸存者被盖世太保抓获、折磨并处死。工厂随后也加强了安保。

但斯金纳兰和 SOE 并没有被吓倒，而是再次进行了尝试，1943 年 2 月 28—29 日，他们在“冈纳赛德行动”中达到了目的，斯金纳兰帮助突击队队员潜入工厂并设置了机关。突击队员在行动中只遇到一个工人。他以拿回自己眼镜为条件同意了帮忙。爆炸严重破坏了工厂，遏止了希特勒的原子野心。据说有 3000 名德国士兵被派往该地区搜寻突击队员，突击队员全部逃离，只有 4 个人留下与抵抗军执行下一步的任务。

这个故事在 1948 年的电影《燕子行动：重水之战》和 1965 年的电影《铁勒马九壮士》中被传扬，成为不朽。斯金纳兰继续通过无线电帮助挪威抵抗军的本土人员与伦敦 SOE 总部之间保持联系，直到战争结束。

亨里克·佐加尔斯基

帮助破解恩尼格玛的波兰密码学家

佐加尔斯基是3位波兰数学家之一，他们对德国恩尼格玛的编码进行了早期的密码分析工作，他开发了穿孔板（后来称为“佐加尔斯基板”）——手动确定恩尼格玛机转子设置的关键方法。1939年，佐加尔斯基在华沙附近与英法情报界代表共同参加了一次关键会议，展现了波兰数学家们在破解恩尼格玛方面所取得的实质性进展。1943年夏天，佐加尔斯基和他的波兰同事马里安·雷耶夫斯基一起到达了英国。他加入了波兰军队，并从事其他工作，但被排除在进一步破解恩尼格玛的工作之外。

埃迪·查普曼

从罪犯变成赢得德国铁十字勋章的特工

从泽西监狱获释后，埃迪·查普曼进入占领区，他立即自愿为德国反间谍机构阿勃韦尔服务。他同意破坏德哈维兰工厂，但他返回英国后自首，并成为双重间谍，代号“锯齿”（ZigZag）。在军情五处的帮助下，查普曼在再次返回德国之前伪造了工厂爆炸案，他可能是唯一获得铁十字勋章的英国公民。

金·菲尔比

剑桥5人组中最臭名昭著的成员

英国管理着一个极好的军事情报网，但也无法避免被出卖。菲尔比1940年进入军情六处，随后陆续向苏联转交了1000多份机密文件。他以一种不正当的方式背信弃义，却帮助盟军赢得了战争的胜利——使斯大林相信日本对苏联没有任何企图，并把兵力集中于东线。

罗纳德·塞思

一个双面间谍，他的奇闻逸事让他的敌人与朋友均感到困惑

▲ 塔林的德国人为国防军的到来和苏军的撤退欢呼

在爱沙尼亚首都塔林任教后，罗纳德·塞思自愿加入SOE，试图激起波罗的海国家对纳粹的反抗。他代号为“笨蛋”，1942年10月跳伞进入爱沙尼亚。此后一直销声匿迹，直到第2年4月，一份档案落入盟军手中。档案详细记录了一个名叫罗纳德·塞思的英国间谍被抓捕和审讯的过程。很显然，塞思透露了他在SOE的训练和任务。SOE的信号办公室奉命停止监听其任何进一步的联系。

然而，巴黎解放后不久，一份据称来自“笨蛋”的文件被转交至战争办公室。这份文件勾勒了一个不可思议的故事——“笨蛋”最初登陆时是如何落入一群德国士兵手中的，在执行破坏行动之前，他又是如何在这片土地与之对战并击败了他们。他说，自己被抓获并遭受酷刑，并声称同意帮助德国人对抗苏联人。

他的报告展示了他是如何在巴黎工作并接受阿勃韦尔训练的，虽然当敌人对他失去信心时，把他派到了战俘营充当线人，但他一直在坚持为SOE服务。不久后，又有一封信出现，声称他现在以约翰·威特上尉的名义在林堡战俘营工作，这增强了其身份的复杂性。

最后，在1945年4月，战争即将结束之际，他走进了英国驻瑞士伯尔尼的公使馆，他说他带着希姆莱的和平建议，因此应该乘飞机返回祖国。军情五处审问了他许久，都未能从他的说辞里揭开掩盖事实的面纱。无论真实性如何，“笨蛋”的故事都是有史以来与SOE特工有关的最精彩的故事之一。

当敌人对他失去信心时，他被送到战俘营。

隐藏的世界大战

美国

战略情报局：美国于1942年春成立战略情报局（OSS），负责从事在国外和敌后的秘密行动。

联邦调查局：作为美国政府的国内执法、安全和情报部门，联邦调查局（FBI）除了对可疑个人进行监视外，还追查在美国的间谍案件。

意大利

军事情报局：在功能上，法西斯意大利的军事情报局（SIM）等同于纳粹德国的反间谍机构阿勃韦尔。军事情报局是意大利陆军一个正式的指挥部，其密码学部门取得了显著的成就。

德国

阿勃韦尔：1920年，德国违反《凡尔赛条约》的条款，成立阿勃韦尔。“二战”前和“二战”期间，在纳粹的领导下，阿勃韦尔逐渐发展成为德国最高军事指挥部主要的国内外情报机构。

帝国中央安全局：帝国中央安全局（RSHA）由德国党卫军首领海因里希·希姆莱和党卫军直接控制，从1939年开始，在德国和其他被占领国家残酷地追捕第三帝国的敌人。

法国

中央情报与行动局：法国中央情报与行动局（BCRA）是法国在1940年春天沦陷后，由“自由法国”① 创建的，后来成为现代法国情报机构。

苏联

内务人民委员部：苏联内务人民委员部（NKVD）成立于1934年。在“二战”前和“二战”期间，行使着与国家安全有关的广泛权力，包括军事和民事安全。

反间谍部队：苏联反间谍部队（SMERSH）成立于1943年春，是苏联反间谍的主要部门，其目的是铲除间谍和颠覆分子。其缩写的字面意思为“间谍之死”。

日本

宪兵队：宪兵队是隶属于日本帝国陆军的正式军事警察部门；然而在“二战”期间，其职能扩展到了间谍、反间谍活动以及“二战”期间的秘密警察行动。

① “自由法国”全称为自由法国民族委员会，由夏尔·戴高乐（Charles de Gaulle）于1941年9月成立。该组织在1942年6月改组为战斗法国委员会（简称“战斗法国”），又在1943年6月联合其他抵抗组织成立法国民族解放委员会，并在法国光复后，成为法国临时政府。

恩尼格玛

英国布莱奇利园的男男女女如何破解“牢不可破”的德国恩尼格玛，帮助击败希特勒纳粹

1942 年 2 月，“二战”的杀戮仍没有停止的迹象，世界力量的平衡也岌岌可危。夜幕即将落下，当黑暗临近时，大西洋的海水几近墨色，冰冷刺骨。在海洋深处，德国 U 型潜艇像捕食者一样逼近猎物。它们耐心地伺机以待，有些甚至在盟国的护航队周围偷偷航行。这天晚上，一艘 U 型潜艇发射了鱼雷，明亮的火焰吞没了一艘美国护航舰，照亮了天际。护航队的船员知道他们将葬身于这片冰冷的海洋，他们穿越大西洋运往英国的重要物资也将丢失。当尖叫声和呼喊声终于归于一片诡异的寂静时，它的邻船只能无助地看着，担心自己会成为下一个受害者。致命的“狼群号”潜艇已经拿下了另一个受害者。盟军实际上对它们毫无防御能力，只知道这些致命的战舰将再次进攻，但不知道在何时何地。

几近年终之时，德国的 U 型潜艇 U-599，在巴勒斯坦海岸被皇家海军“花火号”发现，“花火号”随后发射了深水炸弹。这一次，轮到 U 型潜艇的船员们明白，一切都完了，他们的船正在下沉，他们必须弃船。安东尼·法森中尉、一等水兵科林·格雷齐尔

▲ 德国军队通过恩尼格玛机来掩盖他们的通信

词汇表

恩尼格玛机：

类似一台扩展的打字机，德国人用此机器进行通信。它是一种便携式机器，通过键盘、转子和电脉冲对信息进行加密和解密，以产生数百万个可能的字母组合。

“X 型”密码机：

标准的英国密码机，经过特殊改装，使其像恩尼格玛机一样工作，带有转子、键盘和一台打印机的进纸装置。它被用来将加密文本转换回德语。

“炸弹机”：

它不是一台电脑，而是一台电子机器，它可以快速核对数百个可能的字母组合，以减少当天恩尼格玛机可能设置的潜在数量。

“婴儿床”：

是一种通过寻找编码文本中的模式而进行的猜测，这种模式通常出现在常用短语或德国操作员使用的单词中。有时，这种模式也可以通过德国操作员因懒惰而出现的错误、重复词、他们女朋友的名字或是一个粗鲁的单词来寻找。

“采列”：

指德国恩尼格玛机操作员的程序错误，当他们使用了可识别的消息设置而不是随机的设置，或是在发送文本之前未能改变转子轮的位置时会产生。

“菜单”：

指一组以当天的“婴儿床”为基础的图表，用于输入“炸弹机”，以帮助缩短确认当天恩尼格玛设置所需的时间。

“鹪鹩”：

是对皇家海军女兵的称呼。

“巨人”：

指世界上第一台可编程计算机。它是一台实用的数字处理机，使用了 1500 个阀门，可以在数小时内完成手工需要几个星期才能完成的数学计算。

关键时刻

“无法被破译”的恩尼格玛机

在复杂而便携的德国通信机器上发现的主要装置

转子

标准的恩尼格玛机有3个转子，高级的有4个。每个转子都为任何一支德国武装部队编制了环形等级，可以每天更换转子，或者设置在午夜进行更改。每个转子都可以被设置为26个不同环设置中的任何一个。

键盘

当操作员按下其中一个键时，一股电流会通过旋转的代码字母轮发送出去。没有一个恩尼格玛字母会被使用同样的加密方式。接收操作员将把收到的摩尔斯电文按同样的顺序键入他的机器。

迪利·诺克斯

英国，1884—1943

简介 从1939年9月起，诺克斯与图灵开始在布莱奇利园合作，那是第一次破解每日变化的恩尼格玛的地方。诺克斯和他的团队——“诺克斯情报处”，破译了德国反间谍机构阿勃韦尔在1941年12月的代码。诺克斯是一位老伊顿人、剑桥大学国王学院的学生，有人认为他才华横溢但有些古怪。他的学术背景是古典文化研究而非数学。

灯板

每个被键入的密钥都会通过机器发出一个电脉冲，一个字母就会在相应的灯板上亮起。这个模式会重复到整个信息被加密，然后用摩尔斯电码将其发送给接收者。当人们输入密码时，灯板上会亮起真正的字母。

插板

插板令机器的布线更为复杂，增加了数百万可能的编码组合。人们也可以每天对插板设置进行更改。插板的A插口连接到入口板内的第一个端子，B插口连接到第二个端子，依此类推。

“二战”编码者与破译者简史

1923年

发明

第一台密码机诞生于荷兰，阿瑟·舍尔比乌斯博士因此获得专利。在1923年“国际邮政联盟”大会上，舍尔比乌斯博士将其推介给银行业，但事实证明将密码机应用于银行业并不成功。后来，恩尼格玛机被德国的武装部队采用。

1932年

波兰数学家

3位波兰数学家——马里安·雷耶夫斯基、亨里克·佐加尔斯基和杰尔兹·罗佐基——用数学方法首次破译恩尼格玛，还发明了“佐加尔斯基板”，但这是一种缓慢费时的方法，在恩尼格玛机出现之后便被替代了。

1939年

分享秘密

7月，布莱奇利园的代表们——彼得·特温、迪利·诺克斯、艾伦·图灵和托尼·肯德里克与法国情报部门的古斯塔夫·贝特朗在波兰举行秘密会议，分享波兰数学家们自1932年以来的发现。到9月，波兰数学家们已经把恩尼格玛的模型交给了英国情报人员。

1940年

破解、“炸弹机”和秘诀

1月，“绿色”（陆军）和“红色”（德国空军）恩尼格玛的密钥被破解。2月，U-33潜艇的沉没给布莱奇利园带来了巨大收获：一台恩尼格玛机。3月，第一台“炸弹机”“胜利号”被安装到1号小屋，同年晚些时候，新的恩尼格玛密钥被引入。

在整个战争期间，希特勒都认为恩尼格玛是无法被破译的，特别是在德军每天更换一次密码之后。此前都是每几个月更换一次。

和汤米·布朗向潜艇游去，尽管此时潜艇正在迅速下沉。看到潜艇内仍有一些灯亮着，他们惊讶地发现了一个4转子恩尼格玛机（德国人用来通信的机器）和一本当前恩尼格玛机的密钥簿。他们勇敢且巧妙地将机器、密钥簿及双字母组附录表用防水材料包裹起来，并抢救了出来——他们并没有意识到，这些发现有多么的重要。他们竭尽全力，终于设法找到了一直在潜艇外守候的16岁海军男孩汤米·布朗，并将机器与密钥簿一起递给了他。这是法森和格雷齐尔的最后一举，因为他们在U-559沉没时与其同归于尽。这两个人死后都被授予了乔治十字勋章。

这个宝藏——对英国破译者来说就是这样——被送到布莱奇利园一所位于白金汉郡的乡间别墅，情报总部在战争初始时就被设在其中。驻扎在那里的人都知道，他们现在获得了一个绝好的机会，以再次破译代号为“鲨鱼”的德国海军密码，而这将直接影响“二战”的结果。一位古怪的青年数学家艾伦·图灵，将在破译纳粹密码方面发挥关键作用。

图灵出生于1912年，在英国向德国宣战的第2天，27岁的他从剑桥来到布莱奇利园。他在最好的状态下也衣冠不整，大家都觉得他常常穿得像个流浪汉。当他对某个问题或想法感到兴奋时，他会急于结结巴巴地去表达自己的一大堆想法。人们经常看到他骑着自行车在布莱奇利的乡间转悠，他戴着防毒面具，以避免花粉引起他的花粉热。在他的办公室里，他会把咖啡杯拴在散热器上，以防别人拿走。战时，他对银行和现金几乎没有信心，于是，他将钱换成银条，然后埋起来，打算战后再把它们挖出来。但是，他却没有意识到，当他按照自己煞费苦心制定的一系列指示寻找银条时，一个名叫米尔顿·凯恩斯的新城正在农村建设。在旁观者看来，艾伦·图灵完全符合一个典型的、古怪的、学院派学者的特征；在他同事们的眼中，虽然自己也是这个国家

1941年

破译“海豚”

在马塔潘角海战后，意大利海军密码被迪利·诺克斯和他的同事们用“罗丁”技术破解。由于在德国潜艇（尤其是U-110）上找到了恩尼格玛的编码文件和笔记本，再加上重复的天气信息的传输，布莱奇利最终成功读懂了德国海军的恩尼格玛。

1942年

破译“鲨鱼”

2月，德国人为U型潜艇引入了一个更为复杂的4转子恩尼格玛：“鲨鱼”，导致盟军的破译工作暂时停滞。10月，两本德国短信号电报密码本被送达到布莱奇利园，这是由皇家海军“花火号”上的法森和格雷齐尔从U-559上救出的。肖恩·怀利和8号小屋的破译员这才得以破译“鲨鱼”并读取U型潜艇的通信。

1943年

“巨人”

德国人引入了一个新的短期天气代码，但是，在更快的“炸弹机”的帮助下，8号小屋避免了再次停滞。“鲨鱼”在10天内被重新击碎——这是盟军在大西洋第二次战役中取胜的决定性因素。马克斯·纽曼和汤米·弗劳尔斯设计并建造了世界上第一台可编程计算机“巨人”。

1944年

“D日计划”成功

8号小屋和4号小屋对德国海军恩尼格玛的解密与翻译在代号为“南方坚忍行动”（Operation Fortitude South）的双重欺骗中扮演了关键角色，导致希特勒以为盟军计划在加莱登陆而非诺曼底，从而对“D日计划”的结果产生了巨大影响。

破译分步指南

布莱奇利园破解密码的步骤

01 监听敌军，收集情报

布莱奇利园最初利用“大厦”塔楼顶部的一个无线电发射室拦截摩尔斯电文、电传机码和无线电代码。然而，由于布莱奇利的秘密地点需要保护，于是将布莱奇利园作为“X站”，又在全国各地设立了多个“Y站”。截获的邮件通过摩托车快递或直接通过电传线路发送到布莱奇利园，并在登记室记录在案。

02 运用数学和“婴儿床”破解密码

破译者首先利用脑力与聪明才智，手动寻找密码与原始纯文本相对应的特点。通过对“婴儿床”和联系方式的分析，破译者通常可以在文本中发现一个可能的模式。在寻找“婴儿床”时，操作员的人为错误和心理（想象操作员是如何进行工作的）方面也会成为线索。

03 弄懂神秘语言

处理并检查当天的“婴儿床”，然后将X打字机调为与恩尼格玛机相同的设置，并键入加密信息。这些信息一旦被解密，其内容就会被输出到长长的纸条上；破译者将其剪下并贴在原始信息的背面，将其送回6号小屋，通过一个特制的溜槽完成余下的所有译码，最后再把它送到3号小屋，由一个特别小组进行最后的翻译和战略分析。

04 翻译和理解德语纯文本

在3号小屋，语言学家将6号小屋发来的解密文本翻译成德语、意大利语和日语代码。在这一阶段，索引室将使用“霍勒瑞斯”机和C区的数千张索引卡进行检查和比对，分析能否从之前看到的信息里发现什么。一旦有了结果，这些信息就会被作为有用的情报发送给丘吉尔。以此每日更新。

05 向丘吉尔和战地指挥官发送情报

只有少数指挥官知道布莱奇利，并被禁止对其发现采取行动，直到德国人被代号为“超级”（Ultra）的行动所欺骗。盟军还成立了“特别通信部队”，向外界散布信息，最初是1940年5月在法国，然后是1941年3月在北非和其他地方。所有的“超级”信息，都必须“阅后即焚”。

最聪明的人，但图灵是那个时代真正的天才。

盟军知道德国人正在使用一台名为恩尼格玛的机器，布莱奇利的破译小组正试图破解这台机器使用的代码。这些小组在新建的预制棚屋里工作，每个棚屋都有一个数字编号。在8号小屋，人们正在集中精力破解德国海军的密码。他们了解到，海军的恩尼格玛操作员比陆军的更为谨慎，因此很难用有根据的猜测或“婴儿床”去寻找德国人的模式。但现在他们意识到，由于4转子恩尼格玛机上代码轮的增加，可能的设置数量会随之大大增加。为此，图灵已经在更新波兰的“炸弹机”——他们需要一台可以通过机械检查数百万个设置组合来加快处理速度的机器。

战前，图灵在剑桥时已经有了一个独创的想法——“通用图灵机”，即一种可以识别符号、书写、擦除和执行其他任务的“超级打字机”，而且所有这些操作都是自动的，无须人工参与。然而，在研究了波兰以前的加密机和一个仿制的

目击证人简·瓦伦丁

英国女子皇家海军前成员，服役于布莱奇利园

你是怎么来到布莱奇利的？

我在苏格兰珀斯长大，18岁时我决定加入布莱奇利园。我在当地的一个海军招募中心参加了一次情报测试。我接到召见令后，得到了一张去邓巴顿郡“鹪鹩”训练中心的铁路许可证。两周后，有人告诉我，我将被派往伦敦，但没人告诉我，我的工作是什么。然后，我被从伦敦送到米德尔塞克斯州伊斯特科特的一个“Y站”，在那里我第一次看到了“炸弹机”。之后我被派去了布莱奇利园工作。

你知道公园里正在进行的其他工作吗？

不知道，所有的事情都被划分开来。当我在致力于“炸弹机”的时候，如果我们获得了一个有可能的结果，我们会拨打分机号码，直到战后我才意识到，我一直在给路对面的6号小屋打电话！如果“菜单”起作用了，德语文本会在磁带上出现，它会被送到11号小屋对面的粉红色小屋，在那里被翻译成英语。除了公园的那一小部分之外，在别处进行的任何其他工作都与我无关。

你在空闲时间做什么？

我们以前常在星期六晚上去乡村酒吧。公园里有很多俱乐部和社团，如果不需要值班，男女都可以从临时营舍出发去参加音乐、戏剧、体育等方面的活动，种类很多。

工作是怎样的？

轮班很辛苦：上午8点到下午4点，下午4点到午夜或午夜到上午8点。一旦你学会了如何操作“炸弹机”，它就不再复杂，只是重复。“炸弹机”会寻找答案，如果它认为找到了答案，就会停下来。它很吵，但并没有真正困扰到我。我们年轻，纪律严明，知道自己是战争的一部分，所以我们坚守岗位。我发现从事这项工作是一次相当有趣的经历，我享受它！在公园工作的人各种各样，来自不同阶级，但每个人都被同样对待，无论军人或平民。夜班让我们的饮食习惯变得有点混乱。有几次我精疲力竭，曾被送到医务室，睡了近3天！随后我请了两个星期的假来恢复精神。

离开布莱奇利园后你做了什么？

1944年，当我19岁的时候，我被派去锡兰研究日本的气象编码，我在那里待了15个月。我从没告诉过任何人我曾在布莱奇利园工作。当关于这个大秘密的第一本书在1974年出版，将它公诸于众时，我大吃了一惊。然而，经过这么长时间，很多人都不愿提及布莱奇利园，直至今日。

恩尼格玛机后，图灵明白，他需要的甚至比他假设的还要多。因此，他研究了恩尼格玛机的机械原理、转子、线路和电路板，并试图设计一个可以解密相同文本的电路系统。

图灵知道，人工干预仍然是必不可少的，仍然需要人们进行“婴儿床”和数学工作，但“炸弹机”这一装置将破译加密的德国信息。制造一种能够快速检查数百万个组合的机器这一想法，是革命性的。然而，图灵是一个理论家，而不是一个实际的破译者，因此，戈登·韦尔什曼，一个破译者、在6号小屋工作的杰出管理者，招募了奥利弗。

剑桥的数学家劳恩帮助制造了“胜利号”，即第一枚“炸弹机”；1940年3月18日，“胜利号”被安装到1号小屋。韦尔什曼后来改进了“炸弹机”的设计，增加了电子斜板，提高了机器的功率和能力。

尽管每天都在读德国空军的恩尼格玛，但海军的恩尼格玛被证明是更难被破解的。1941年，两次重要的海战——一次在北极圈内，一次在大西洋——使恩尼格玛译码文件得以恢复。图灵正是利用这些信息创造出一种新的方法。因需要在班伯里（Banbury）制造的长纸上打孔，所以图灵称这种方法为“Banburismus”。在1941年夏天其余的日子里，布莱奇利读懂了德国海军大部分的恩尼格玛，从而为英国航运提供了至关重要的保护，同时也留下了一个关于布莱奇利真实的成功故事。虽然取得了重大突破，但是，随着战争的继续，这支队伍将面临更为艰难的战斗。

戈登·韦尔什曼

英国，1906—1985

简介

由阿拉斯泰尔·丹尼斯顿从剑桥大学招募。1939年3月，在伦敦参加了为期两周的短训课程班后，他于4月来到布莱奇利园报到。他在6号小屋进行通信分析，凭借高超的组织技巧，将布莱奇利园从家庭式小作坊变为高效的组织。在这里，每天24小时，每周7天，一年中的每一天都在截获和输出情报。

布莱奇利园示意图

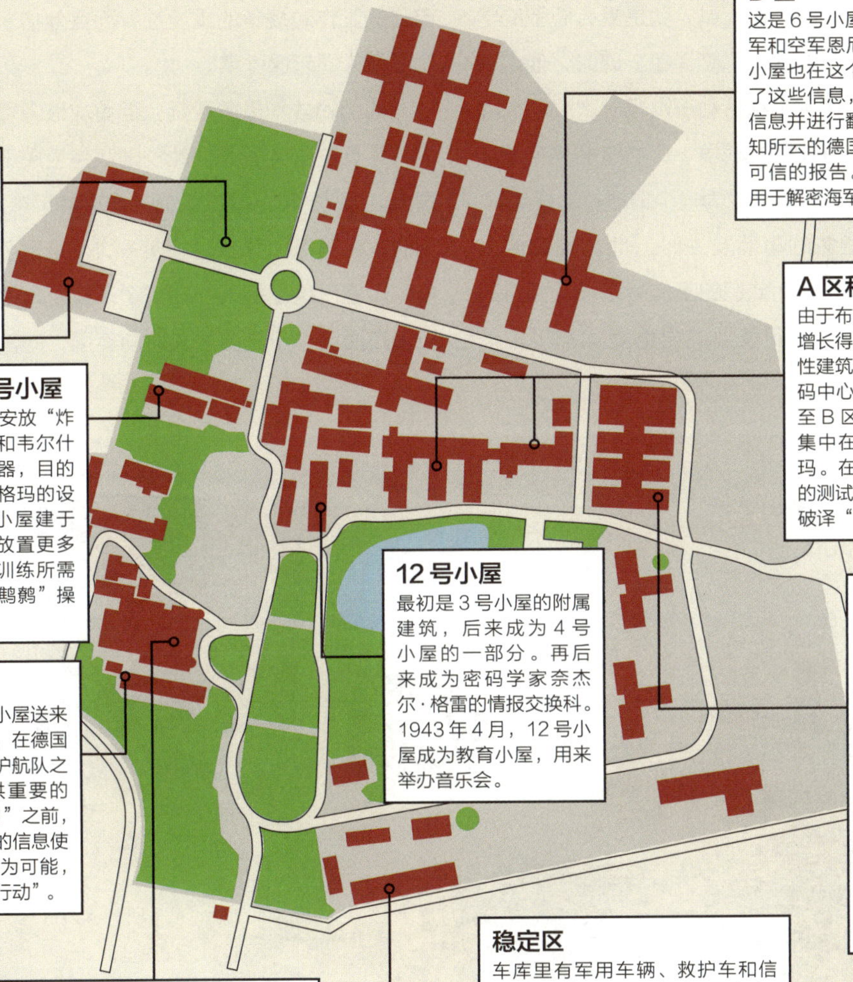

D 区

这是 6 号小屋的所在地，解密德国陆军和空军恩尼格玛的日常设置。3 号小屋也在这个区，一旦 6 号小屋解密了这些信息，3 号小屋就会接收这些信息并进行翻译和分析，让常常是不知所云的德国军事语言读起来像一份可信的报告。这个区还有 8 号小屋，用于解密海军密码，最初由图灵领导。

F 区和 H 区

这里有测试员，“纽曼里机”、“希思·罗宾逊机”和“巨人”。F 区还有日语破译者。

A 区和 B 区

由于布莱奇利园的工作人员数量增长得快，因此需要更多的永久性建筑。A 区成了海军部门的解码中心。1942 年，4 转小屋搬至 B 区。海军的恩尼格玛部门集中在这里破译 4 转子恩尼格玛。在进入 F 区之前，拉尔夫的测试部门也被安置在这里，以破译“洛伦兹”。

11 号和 11A 号小屋

11 号小屋是用来安放“炸弹机”的，图灵和韦尔什曼发明了这种机器，目的是加速破解恩尼格玛的设置方式。11 号小屋建于 1942 年，用来放置更多的“炸弹机”，训练所需的越来越多的“鹪鹩”操作机器。

12 号小屋

最初是 3 号小屋的附属建筑，后来成为 4 号小屋的一部分。再后来成为密码学家奈杰尔·格雷的情报交换科。1943 年 4 月，12 号小屋成为教育小屋，用来举办音乐会。

C 区

通过使用“霍勒瑞斯机”在卡片上打孔而创建了一个巨大的文书索引区。文书人员又建立了一个交叉参考系统来帮助破译者，详述人名、地点和单位。在这里，每周使用的卡片多达 200 万张，储存于数千个棕色纸板箱中。每张卡片都被拍摄下来，作为备份发到牛津的伯德雷恩图书馆。

4 号小屋

用于解密从 8 号小屋送来的恩尼格玛信息，在德国 U 型潜艇和盟军护航队之间的战斗中提供重要的日常情报。“D 日”之前，在 4 号小屋处理的信息使这种双重欺骗成为可能，代号“南方坚忍行动”。

稳定区

车库里有军用车辆、救护车和信鸽；3 个相连的小屋组成员工宿舍；以前的水果店变为图灵和诺克斯的“智慧屋”，以“平房”闻名。

“大厦”

总部和娱乐场所；还设有高级职员办公室。最初有电话交换机和电传打字机室，后来它们都被转移至一个防爆小屋。这个维多利亚式的乡村别墅也有餐厅、图书馆、台球室和舞厅。

布莱奇利源于1938年8月，在牛津大学城和剑桥大学城之间的一个小火车站，一群相貌平平的人来到布莱奇利的维多利亚乡村别墅参加社交聚会。在里德利上尉的带领下，随行者来到这里，享受上流社会简单却受欢迎的活动——周末射击派对。事实上，聚集在这个白金汉郡乡村深处偏僻地的一行人，不是军情六处和政府密码学校（GC&CS）的人员，就是受人尊敬的学者，且他们后来都成为了破译者。此时，他们需要根据战争的情况（希特勒每发表一次煽动性的讲话似乎都有可能引发战争）评估这座豪宅及其周边地区，是否有可能成为一个情报行动据点。

当不可避免的事情发生时，他们和其他人将回来开始工作，而他们的工作后来被认为将战争缩短了两年。各行各业的男男女女都将走上铁路站台，驶向布莱奇利园。数学家、古典学者、工程师、皇家海军女兵、空军妇女辅助队员（WAAFs）、语言学家、打字员、行政人员，甚至是初出茅庐的年轻人，每个人都将成为一个大轮子上的小齿轮，并在极度保密的情况下独立工作，而不知道他们小屋以外正在进行的其他工作。在签署了《官方机密法》之后，他们只知道自己的工作对战争的重要性，而且他们永远不会对任何人提起这件事。

他们的才华毋庸置疑，但首次破译恩尼格玛的并不是这群英国人，此枚勋章完全属于另一个国家。1932年，波兰人第一次破解了恩尼格玛。当时，密码每隔几个月才换一次，但到了战争爆发时，它已经是每天都在变了。遭受入侵的形势已迫在眉睫，于是波兰人转向英国，向其寻求帮

▲ 布莱奇利高级职员的办公室被认为是这样的

▲ 英国从1937年开始使用的“X型”密码机

助，以破译恩尼格玛的设置，这时，恩尼格玛正在以令人生畏的15万亿种可能的组合运行着。

在布莱奇利园的预制编号小屋里，有顶级的破译小组。这些小组由迪利·诺克斯、约翰·杰弗里斯、彼得·特温和艾伦·图灵领导。他们的第一个突破是解开了德国陆军使用的行政密钥，就是所谓的“绿色”，接着又破译了德国空军使用的“红色”密钥。当然，最重要的是，破译恩尼格玛的过程必须是秘密且安全的，于是一个隶属军情六处、绰号为“小老板”（Boniface）的“特工”被虚构出来；以至于在整个战争期间，德国相信，任何情报破译都源于战场上的两名特工，而非一个远程破译小组完成。

破译密码的进程因“炸弹机”而得以实现工业化。“炸弹机”由艾伦·图灵和戈登·韦尔什曼发明，以满足加快运行恩尼格玛机所有可能的轮动配置的需求。这项工作由“鹪鹩”操作，其过程很热、很臭、很吵，却是无价的。到了1942年，布莱奇利的成功已经到达北非，那里的情报使皇家海军能够切断隆梅尔的补给线，并随时向蒙哥马利将军通报隆梅尔的一举一动。然而，在那年年初，德国又引进了一种更复杂的带有额外转子的恩尼格玛机，以封锁重大信息。对布莱奇利的破译者们来说，这成为最大的挑战之一。然而，到了1942年年底，密码学家们将其攻破，这要归功于水兵法森和格雷齐尔的勇敢，是他们从沉没的U-559上俘获了重要的恩尼格玛密钥和密码簿。自此，布莱奇利开始能够破译德国海军的密码——“鲨鱼”。

正是对德国战略密码的破译，使布莱奇利有可能获得最大的成功。最初，人工破译希特勒与柏林及其战地指挥官的通信密码是可能的。后来，马克斯·纽曼教授意识到，需要一种新型的机器，来跟上不断增加的密码截获量。教授在一位才华横溢的年轻邮政总局（GPO）工程师汤米·弗劳尔斯的帮助下，设计并建造了这样一台被称为“巨人”的机器——世界上第一台可编程电子计算机，它成为盟军登陆欧洲和“D日计划”的关键。

1938年，在“大厦”的第一次“射击派对”上，人们期待着成功，但在一开始，确实有许多人——甚至是政府本身——都怀疑破译者们能否对战争产生影响。在这些破译者中，今天来看最著名的或许是艾伦·图灵。也许，图灵的行为举止看起来都像是一个纯正的怪人，但是，他拥有那一代人里最优秀的大脑之一。毫无疑问，他对于“通用图灵机”的独特想法，不仅发展了布莱奇利随战争进程而制造的电子机器，也为电脑的概念奠定了基础。即使是在布莱奇利这样

奥利弗·劳恩

英国，1919—2012

简介

劳恩是数学家和密码破译专家，1940年7月，被韦尔什曼从剑桥耶稣学院招募过来，从事德国陆军和空军的恩尼格玛研究。1943年，他先后在6号小屋和D区工作，参与了“炸弹机”（高速、4轮）的设计。1944年1月，他第一次破译新的恩尼格玛“D叔叔”——一种德国加以修饰的3转子陆、空军恩尼格玛，它采用了新的反射轮和可插拔电线。

人才济济的地方，图灵仍能够脱颖而出，历史学家和战时破译者阿萨·布里格斯由此感慨道：“在布莱奇利，你需要非凡的天赋，你需要天才，而图灵就是。”

在布莱奇利的所有同事和破译者中，与汤米·弗劳尔斯的合作可能是让图灵最为兴奋的。他们第一次见面是在1939年，当时，图灵向才华横溢的年轻GPO工程师首次介绍恩尼格玛的秘密。两人都很热情，都是各自领域的专家，且从一开始就彼此尊重。图灵有时会去弗劳尔斯在多利斯山的实验工作室找他闲聊，也正是在那里，他们初次讨论了打造一台可以用电磁铁解密恩尼格玛的机器的想法。虽然这超出了当时可用的技术范围，但图灵对这种机器的蓝图和设想，却留存于弗劳尔斯的脑海中，并最终形成“巨人”。

然而，天才背后是其坎坷的一生。图灵曾是剑桥的学生，他不擅社交，而且是同性恋，这在那个时代不仅令人深恶痛绝，而且是非法的。图灵成了这项不断扩大的行动的万能顾问，并于1942年11月横渡大西洋，与罗斯福和丘吉尔进行了最高级别的交流，在交流中图灵不仅汇报了令人绝望的U型潜艇的恩尼格玛危机，还汇报了关于语音信号的电子加密。然而，他的天赋和对战争的贡献，在他的有生之年，从未得到应有的承认。1952年，图灵在与一个男人发生关系后，面临刑事指控，并被迫接受了激素治疗。1954年，42岁的图灵被发现死于曼彻斯特的家中，从表面上看，是死于氰化物中毒的自杀。

今天，图灵以其大量且多样的成就而闻名，他的半身像坐落于其个人物品展的旁边。2009年，英国首相戈登·布朗代表政府和国家向曾对图灵的起诉道歉，并公开承认，盟国亏欠图灵一份感激之情。全世界都应该向图灵及与其一起工作的人致敬——所有那些走过布莱奇利平凡无奇的火车站的人。那个车站目睹了太多：有女孩为了穿上时髦的制服并有机会在海上服役而加入了“鹪鹩”，随后却发现自己被派往英国一个极度远离大海的地方；有正在攻读数学学位、而且已是著名国际象棋冠军的年轻男子，因被邀请而暂时放下了学业；有秘书渴望“尽自己的一份力”，申请了伦敦的一份文书工作，因被发现德语流利，结果意外获得了一张通往“布莱奇利”小镇的火车票。

丘吉尔的“金鹅”

英国首相是布莱奇利园最大的支持者之一

每天，锁在盒子里的一箱箱高级解密文件都被送往丘吉尔的办公室，丘吉尔随身携带着他的戒指形钥匙。只有少数几个外交部和军方的人知道文件来源，其中并非所有人都认同丘吉尔关于布莱奇利园的理念。1941年9月，丘吉尔在访问布莱奇利园期间，视察了机器和小屋，会见了资深的破译专家。随后，丘吉尔把他们聚集在6号小屋外，做了一个简短的演讲，在演讲中，丘吉尔将破译专家们形容为“下金蛋的鹅”，说他们是“下金蛋的鹅，从不咯咯叫”，这一比喻后来变得家喻户晓。意识到丘吉尔的支持与尊重后，布莱奇利园给首相发了一封信，要求增加人手。首相的反应迅速而果断：“将他们想要的一切都定为最高优先级，确保他们得到，然后向我报告。今天就行动。”

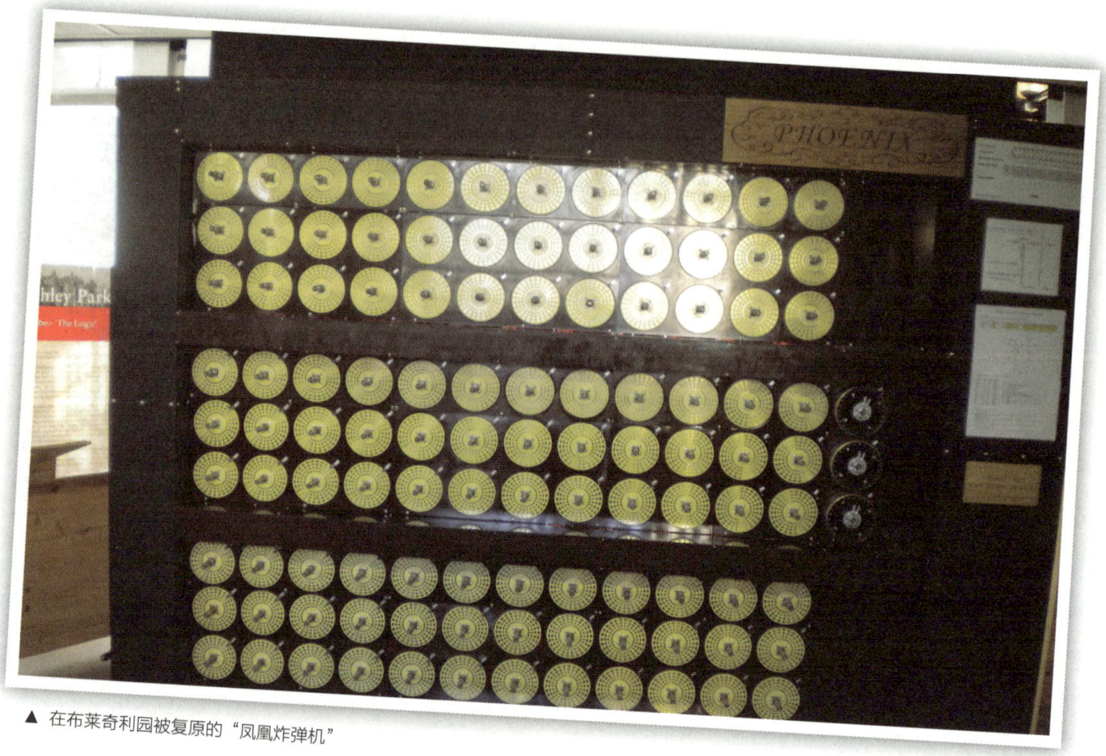

▲ 在布莱奇利园被复原的“凤凰炸弹机”

人们经常看到他骑着自行车在布莱奇利的乡间转悠，他戴着防毒面具，以避免花粉引起他的花粉热。

他们是普通的男人和女人，他们都心甘情愿地来到这个看似微不足道的白金汉郡小镇，如果略有不知情，也大多在贝克街一所无名的小房里签署了《官方机密法》。当他们走下火车时，未曾料到会成为惊人成就中的一部分，甚至也许在有生之年，他们将永远看不到自己的工作被认可，也不可能知道他们会给这个国家留下怎样的遗产。但他们还是来了：一开始仅为数百人，而随着英国面临的恐怖闪电战的到来，人数越来越多，经过敦刻尔克战役和诺曼底登陆，至 1945 年已有大约 1 万人在布莱奇利园工作。布莱奇利是他们故事开始的地方，一个现在可以被完整讲述且应被正当庆祝的故事。

▲ 艾伦 · 图灵想出了许多破解密码的方法

布莱奇利最伟大的 3 个成就

01 破译“洛伦兹”

尽管“Y 站”在 1940 年初截获了德国密码机“洛伦兹”的信息，但人们对于该机是如何进行加密的，则是毫无头绪。1941 年 8 月，约翰·蒂尔特曼发现，一个操作员重复使用缩写，并利用这些细微的不一致，破解了这个密码。比尔·图特利用数学分析法来研究“洛伦兹机”是如何工作的，甚至连看都没看过机器就在 1942 年破译了“洛伦兹”的信息。1943 年，“洛伦兹”设计上的复杂性要求马克斯·纽曼和他的团队设计出一种全新的电子机器——“巨人”，这种机器能在数小时内破译“洛伦兹”。

02 发明“巨人”

汤米·弗劳尔斯，一位出色的 GPO 工程师，于 1943 年 12 月提出“纽曼”设计，并创造了世界上第一台电子可编程计算机。战争结束时，10 台正在使用的“巨人”被下令拆除并销毁所有记录，但只有 6 台被拆除。用数学计算破译“洛伦兹”需要数周时间，而“巨人”可以在数小时内就做到这一点，它以每秒 5000 个字符的速度读取纸带，并以每小时 48 千米的速度将纸带送入轮子。

03 “D 日”

如果没有布莱奇利，诺曼底战役很可能是不一样的结果。1944 年 6 月，“巨人”帮助扰乱了德国最高统帅部对盟军计划的判断。布莱奇利除了提供有关德国阵地的情报外，对发自德国秘密情报局的密码也进行了破译，给希特勒以虚假的盟军登陆地点。以至于希特勒最终决定，将其部队从盟军选择的诺曼底海滩调离。布莱奇利通过读取“嘉宝”（一个由 27 个虚构特工组成的情报网）和阿勃韦尔之间的信息证明：希特勒已经落入圈套。

日本偷袭珍珠港

在周日上午空袭的几个月前，
日本就已经开始了偷袭珍珠港的策划与准备

1941年12月7日，星期天，日出前，在日本海军中将南云忠一的指挥下，帝国海军第1航空大队的6艘航母乘风破浪，准备以353架飞机组成的突击部队发动袭击。

南云忠一的旗舰“赤城号”，和它的伙伴“加贺号”、“苍龙号”、“飞龙号”、“翔鹤号”和“瑞鹤号”6艘航母，开启了掠夺性攻击，将太平洋拉入“二战”。其目标是美国海军的太平洋舰队，该舰队停泊在夏威夷瓦胡岛的珍珠港。美国海军和陆军在岛上的其他设施——希卡姆机场、惠勒机场、贝洛斯机场、埃瓦海军陆战队航空站以及位于卡内奥赫和珍珠港中心的、福特岛上的海军航空站都将受到袭击。

日本这一公开打击，意在削弱美国在太平洋地区的军事存在，允许日本武装力量夺取并巩固整个地区的战略成果，以及将美国政府带到谈判桌前，并强迫其签属对自己有利的条款。为此，在对珍珠港进行突袭的同时，日本还对菲律宾、威克岛、中途岛和英属马来亚进行了协同打击。

尽管日本高级指挥官对迅速取得胜利充满信心，但其中至少有一些人承认，鉴于美国所拥有的工业实力和资源，与其长期作战的前景是令人生畏的。多年来，日本军国主义和帝国主义的崛起，将这个岛国置于与美冲突的道路之上，而美国自美西战争以来，已成为太平洋地区的超级大国。日本在亚洲大陆的挑衅性军事行动，特别是对中国东北地区和随后对法属印度支那地区的入侵，更是使日美两国剑拔弩张。虽然谈判还在继续，但太平洋两岸的大多数观察者都认为战争是不可避免的。

▲ 珍珠港行动期间，日本海军中将南云忠一领导第1航空队，但后来失去了指挥权

英国的影响

偷袭珍珠港事件发生的前夜，9点，南云忠一命令“赤城号”上的所有人员注意，并宣读了联合舰队总司令、上将山本五十六发来的电报：“帝国的兴衰取决于这场战役。每个人都须尽职尽责。”

山本意在指出，这封电报不仅是对日本水兵和飞行员的鼓励，同时也是对海军团队精神的致敬。日本帝国海军在“二战”爆发前的几十年里，着手进行了一项漫长的扩张计划，以世界上最优良的海军——英国皇家海军的传统为榜样，使自身步入现代化。

山本所传达的精神与霍雷肖·纳尔逊的话相呼应，这位英国皇家海军上将曾在1805年特拉法加战役前有过类似的表达。

日本人对英国皇家海军的尊敬由来已久。实际上，自20世纪初起，日本帝国舰队的一些船只就是在英国和法国的造船厂建造的，而日本的训练、操作标准、制服和军衔徽章，也是从模仿英国而来。

在欧洲的战争爆发后，英国皇家海军再次成为日本的榜样。1940年11月11日晚，舰队航空兵的菲尔利剑鱼式鱼雷轰炸机从地中海HMS光辉级航空母舰的甲板上起飞，袭击了意大利在塔兰托的海军锚地。21架过时的英国双翼飞机击沉了一艘意大利战舰，并损坏了另外两艘。

对日本海军来说，先发制人偷袭珍珠港的想法被讨论过，在军事演习中也被践行过，但在战争期间几次被搁置。然而，英国的成功再次给日本海军以信心，联合舰队的全体人员在1941年1月立下新的目标，计划进行一次大胆的攻击。海军大佐源田实，日本军中最著名的飞行员之一，注意到美国航空母舰以统一、单一的攻击力量进行作战。他还参加过1936年进攻珍珠港的军事演习，尽管该演习以失败而告终。但源田实仍然认为，航母特遣部队有可能成功地对停泊的敌军舰队实施惊人的打击。不过，持这种观点的日本军官并不多。

当日本航空母舰的力量达到足以偷袭珍珠港的水平时，在山本的指示下，第11航空队参谋长大西泷治郎上将命令源田实评估成功的可能性：“……特别注意行动的可行性、执行方法和将要动用的部队。”

山本不愿与美国开战，但他坚信，对太平洋舰队进行具有实质性的打击，是日本唯一的选择。山本宣称珍珠港应该成为日本的目标，这颠覆了日本海军最高指挥层的传统思维。尽管日

在英国的成功支持下，联合舰队的全体人员于 1941 年 1 月，重新开始计划进行这样一次大胆的战斗。

本陆军在亚洲大陆一直很肆虐，但海军此前的信条一直是采取防御的姿态。直到 1940 年秋，山本的要求成为最后通牒。他最终威胁说，如果联合舰队的高级指挥官拒绝支持这一提议，他就辞职。

战争蓝图

第 2 年 8 月，偷袭珍珠港的基本计划获得批准。第 1 航空队的 6 艘航空母舰，连同由 2 艘战列舰、2 艘重型巡洋舰、1 艘轻型巡洋舰、9 艘驱逐舰、3 艘潜艇和 8 艘油轮组成“无敌舰队”，总共 31 艘舰船，从它们所在的千岛群岛单冠湾集结出航。

舰队定于 11 月 26 日启航，向北航行，以避开繁忙的太平洋贸易线和往来太平洋的商船，船员们在无线电中严格保持着静默。在瓦胡岛以北 370 千米处，飞机分两波起飞。暂定的袭击日期是 1941 年 12 月 7 日。舰队潜艇的警戒线被设置在瓦胡岛周围，能够提供美国船只行动的早

▲ 日本飞机准备在第二次攻击波中从“翔鹤号”航母起飞

帝国战争机器

日军在太平洋战场使用了“二战”初期的最新技术

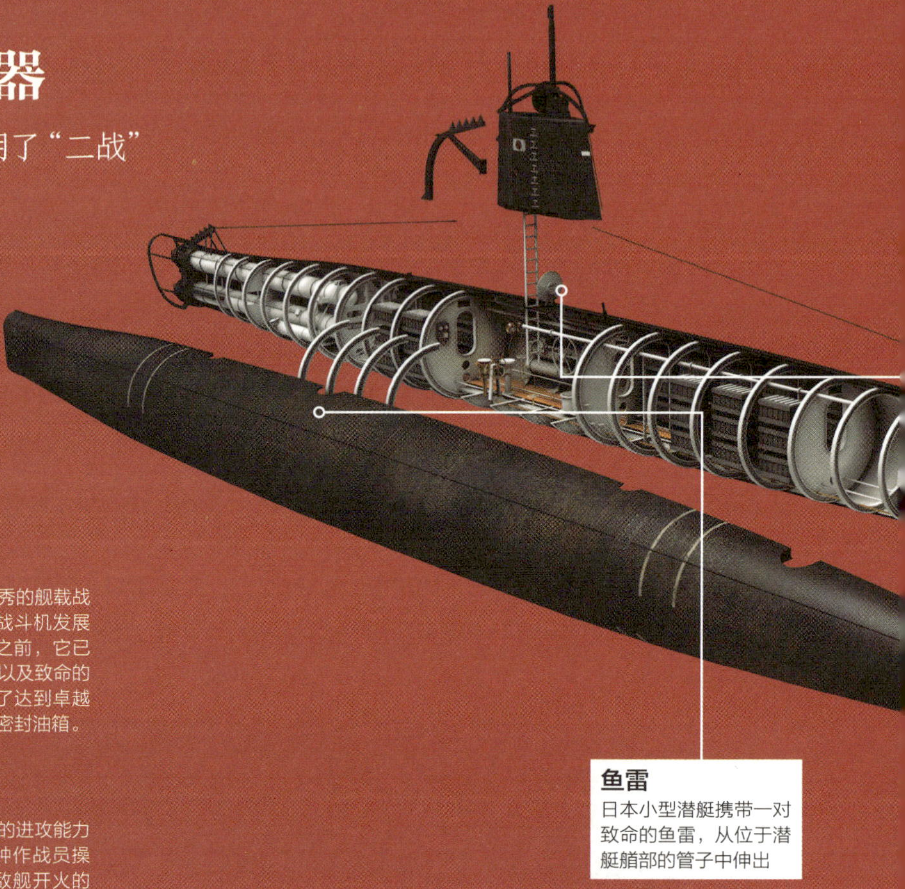

三菱 A6M 零式战斗机

在一段时间里，作为太平洋战场最优秀的舰载战斗机，“三菱零式”独占鳌头。这款战斗机发展于 20 世纪 30 年代，在偷袭珍珠港之前，它已经被视作一个具有高机动性、重武装以及致命的对手。然而，“零式”也很脆弱，为了达到卓越的性能，它在设计上牺牲了装甲和自密封油箱。

小型潜艇

日本的两人小型潜艇是为了提供隐蔽的进攻能力而被研制的。在狭窄的船舱里，特种作战员操纵着装备一对鱼雷的潜艇，进入朝敌舰开火的位置。在珍珠港，5 艘小型潜艇全部失踪。其中 1 艘在搁浅后被完整俘获，其指挥官成为美国在“二战”期间的第一个俘虏。

航空母舰

在偷袭珍珠港那个时代，日本帝国海军的现代航母包括改装过的战列巡洋舰“赤城号”和“加贺号”，以及专门建造的较小的“苍龙号”和“飞龙号”等。最新的两艘航母是“翔鹤号”与“瑞鹤号”，它们的排水量都超过了 2.6 万吨，且搭载了 80 多架战斗机。

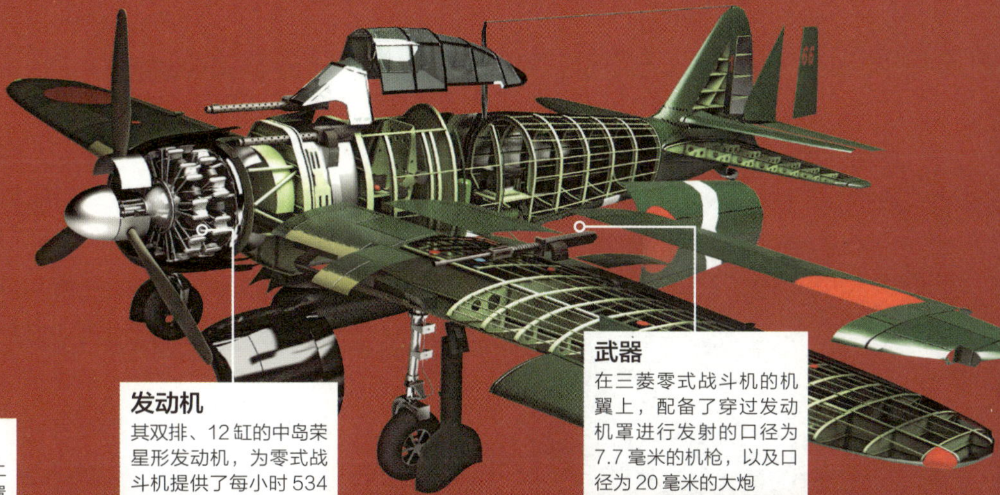

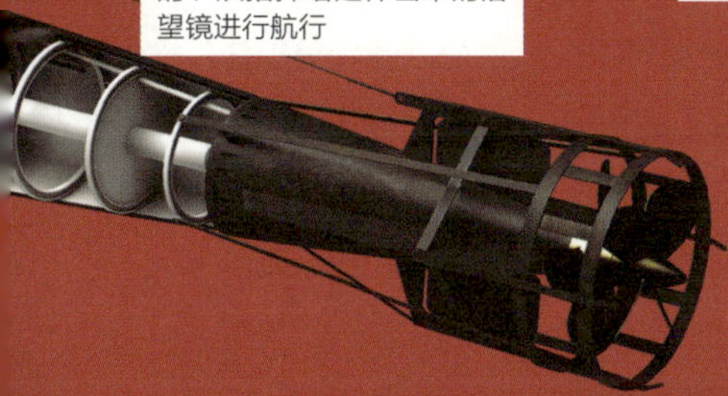

在珍珠港，5艘小型潜艇都不见了。

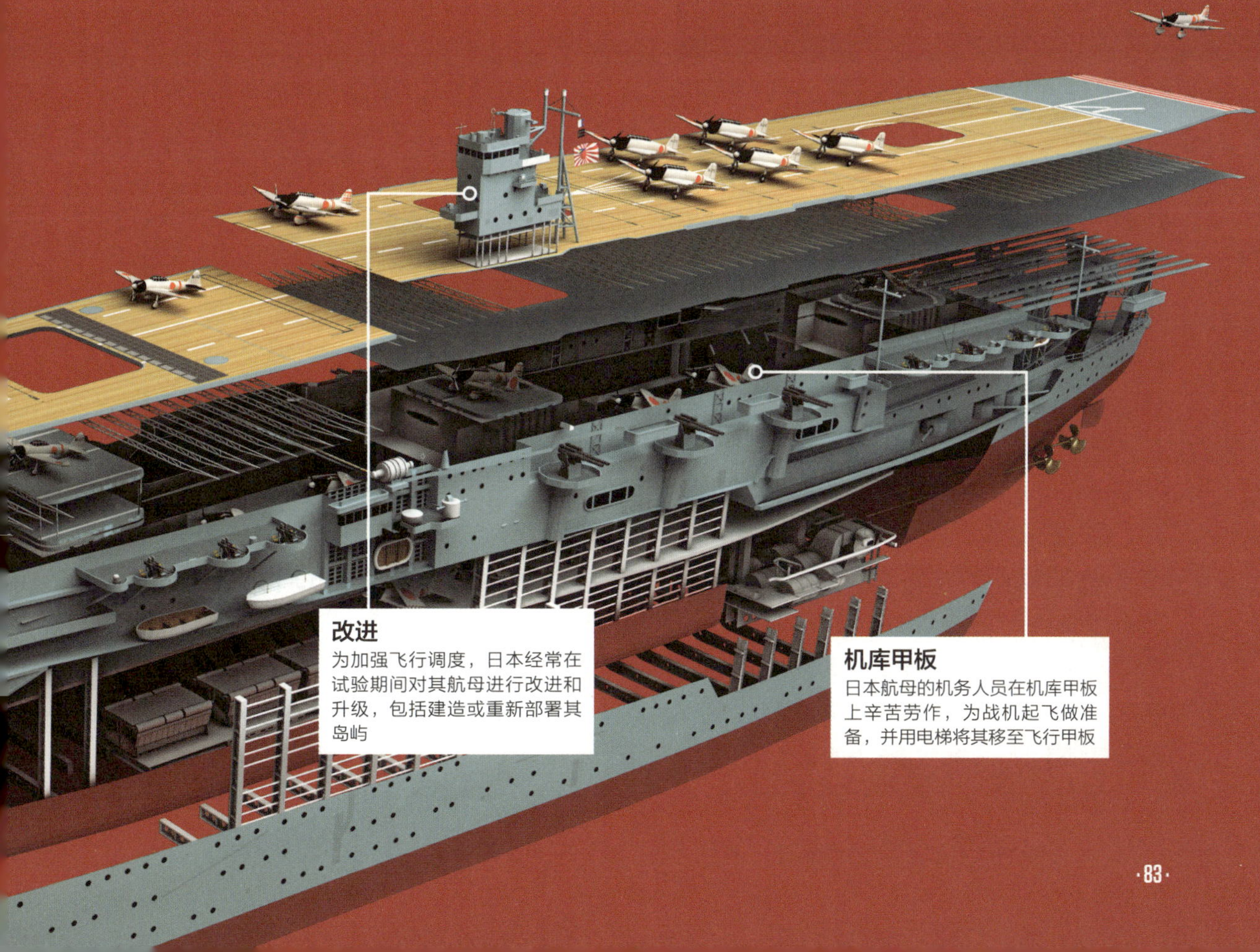

▲ 在珍珠港的干船坞里，美国“宾夕法尼亚号”战列舰躺在遭受重创的“卡森号”和“唐尼斯号”驱逐舰后面

期预警，并攻击任何可能在港口附近海域的美国海军船只。在空袭前几小时，5艘小型潜艇离开母艇下水，它们的任务是潜入珍珠港，向太平洋舰队的停泊船只发射鱼雷。几乎每件事都经过周密的考虑。

9月初，日本高级军官在东京的海军战争学院召开会议，敲定了攻击计划。1个月后，高级飞行员被告知目标。此时，由于鱼雷组已经准备好对停泊在浅水区的主力舰进行攻击，飞行员意识到他们的目标实质是攻击敌人的港口。

11月5日，日本发布了联合舰队最高机密行动1号令，48小时后又发布了2号令，授权舰队在月底起锚，执行对珍珠港的袭击。

当舰队启航时，海军上将野村吉三郎和特使来栖三郎正在华盛顿特区与国务卿科德尔·赫尔和富兰克林·D. 罗斯福进行最后的谈判。日方认为，该谈判会崩盘，到那时，日方代表将向海上的南云忠一发出进攻的具体命令。与此同时，不知偷袭珍珠港细节的特使就会奉命向美国政府传递消息，正式终止谈判。东京政府将这一外交步骤视作实质上的宣战，时间定在日本飞机出现在珍珠港上空的半个小时前。

第1航空队空中小组组长，海军少佐渊田美津雄被指派将飞机分配给特定目标，组织两波飞机协同作战，并为战斗机提供保护，使其免受任何可能升空作战的美国防御飞机的攻击。渊田美津雄派出185架飞机参加第一波袭击。

49架搭载穿甲弹的中岛凯特式B5N轰炸机、40架搭载空投鱼雷的凯特式轰炸机、51架搭载通用炸弹的爱知D3A瓦尔俯冲轰炸机，45架三菱A6M零式战斗机将提供护航并伺机进行低空扫射。

当凯特式轰炸机向停泊在珍珠港的军舰发起进攻时，25架瓦尔轰炸机被指定炸毁美国在惠勒机场的主要战斗机基地。17架瓦尔轰炸机被派去摧毁福特岛的巡逻机和战斗机基地，9架被派去打击美国在希坎机场的轰炸机。第二波袭击包括搭载550磅和125磅炸弹的54架凯特式轰炸机，以摧毁机场设施和弹坑跑道；以及搭载550磅炸弹的80架瓦尔轰炸机，辅以36架劫掠的零式战斗机，以重新对港内的军舰进行袭击。

在发动进攻的前一天，渊田收到一名在瓦胡岛的日本间谍发来的情报。这份情报令人喜忧参半，它指出，3艘美国航空母舰“企业号”、“列克星敦号”和“萨拉托加号”都没有出现在锚地。上面写道：“珍珠港战列舰周围没有气球，没有鱼雷防御网。所有战舰都在。从敌方的无线电活动来看，没有迹象表明海上巡逻飞行正在夏

海军航空巨头

日本帝国海军注意到西方在海军航空方面的进步，于是欢迎军事使节前来做顾问，并训练日本的飞行员

在20世纪初，英国皇家海军开创了海军航空发展的许多方面，日本海军观察员也认识到其潜力。为了仿效英国皇家海军的成功，日本在1921年秋迎接了由威廉·森皮尔上尉率领的英国使团。森皮尔率领29名空中作战教官，负责辅助日本海军航空项目的开展。到了1922年，日本人还建造了世界上第一艘航空母舰“凤翔号”，而不是像以前那样从其他船型转换而来。

▲ 日本帝国海军航母“赤城号”飞行甲板上的91式Kai Ⅱ型鱼雷。这艘航母在出发去攻击珍珠港之前，就停泊在千岛群岛的单冠湾

森皮尔后来被曝光为日本间谍，希望以确保英对日的大量军售，来换取宝贵的专业知识和建议。他的团队带来了最先进的英国航母设计蓝图，并与日拟定包括飞行员培训、飞机的发动与复原、续加燃料与维护，以及空降作战等要点。英国人使用最新的皇家海军飞机（比如格洛斯特雀鹰战斗机）以及鱼雷轰炸机和俯冲轰炸机，来训练年轻的日本飞行员。他们还向日本帝国海军介绍了鱼雷战术。

日本的工程师和设计师用自己的和仿照英国的军械和飞机进行试验，并在20世纪20年代和30年代完善了航母操作和作战理论。

偷袭珍珠港之前，驻柏林海军武官、海军大佐内藤雄前往意大利塔兰托港。1940年11月，英国人在该港成功地袭击了停泊的意大利舰队。在意大利海军的协助下，内藤评估了塔兰托突袭的成效，并向偷袭珍珠港的策划者提供现有策略的修改建议。最终，日本的航空鱼雷上被附设了木制的稳定鳍，以确保它能在珍珠港浅水区正常航行。

▲ 偷袭珍珠港前，俯冲轰炸机挤满了飞行甲板

森皮尔后来被曝光是日本间谍，希望确保英对日的大量军售。

当凯特式轰炸机向停泊在珍珠港的军舰发起进攻时，25 架瓦尔轰炸机被指定炸毁美国在惠勒机场的主要战斗机基地。

威夷地区进行。‘列克星敦号’昨天离港。‘企业号’也被认为正在海上作业。”

12 月 7 日，当日本袭击者到达珍珠港上空时，“萨拉托加号”正在驶入加利福尼亚州的圣地亚哥港口。虽然美国的航母不在港内，但日本已没有回头路可走。袭击必须按照命令进行，日本方面解释道，余下的目标（特别是美国战列舰）价值也很高，足可证明为此所承担的风险是合理的。

“虎！虎！虎！”

“赤城号”甲板的上空依然漆黑一片，一盏绿灯在惊涛骇浪中被摇晃成一个圆圈，第一架

▲ 在珍珠港袭击中，美国“亚利桑那号”战舰发生毁灭性爆炸，随后船体上层被压垮，冒出黑烟

零式战斗机轰鸣着冲出飞行甲板飞入空中。不到15分钟，参加第一波袭击的飞机已全部升空。上午7点40分，瓦胡岛北岸映入渊田的眼帘。渊田很兴奋，他用无线电发出“虎！虎！虎！”的暗号，这对焦急的南云来说，意味着偷袭行动已开始。袭击者进行了持续几个小时的轰炸，对珍珠港造成了毁灭性的打击。

与偷袭珍珠港同步，日本军队在太平洋的其他地方也进行了侵袭，他们的目标是：将美国对未来日本侵占荷属东印度群岛行动的干扰降到最低，确保日本战争机器所需的石油和橡胶等重要资源，并将防御范围进一步扩大到世界上最大的海洋——太平洋。

当袭击在夏威夷进行时，消息在当地时间12月7日早上6点30分传到了中途岛。海军陆战队守备部队保持高度戒备。临近黄昏时，日军已到达中途岛。然而日本帝国海军的两艘驱逐舰“曙号”和“潮号”在准备炮击中途岛设施时被发现。

晚上9点35分，当日本13厘米长的炮弹在桑德岛和东岛坠落时，战争降临到这个环礁上，这两片陆地在几个月内将成为“二战”太平洋战场上的“震中”。当驱逐舰来回巡航时，海军陆战队以7发13厘米长的炮弹作为回应。日本的炮弹点燃了大型水上飞机库。一发炮弹直接击中桑德岛发电厂所在的混凝土结构建筑，击穿了一个进气口，一名年轻的海军军官中尉乔治·H.坎农受了致命伤，但他拒绝离开岗位接受治疗。坎农在死后被授予美国荣誉勋章。

中途岛的战斗大概持续了半个小时，当日本人最终撤退时，美军4人死亡，10人受伤。12月8日上午（越过国际日期线），36架日本轰炸机袭击威克岛，摧毁了地面上的12架格鲁曼F4F野猫战斗机。与此同时，当偷袭珍珠港的部队还在空中时，日本的军队已降落在英属马来亚

耻辱的一天

尽管成功地偷袭了珍珠港，但山本上将称：任务并未完成

海军少佐渊田美津雄回到“赤城号”上后，这位袭击珍珠港的指挥者，就在舰桥上向海军中将南云忠一进行了汇报。据说，渊田请求南云允许军队再次发动袭击。

南云拒绝了。由于风险太大，他命令第1航空队撤退。当袭击成功的消息传到东京时，市民们走上街头庆祝。军队的最高领导层也流露出乐观的情绪。

然而，突袭行动的缔造者、海军上将山本五十六却陷入了沉思——美国的航母没有被摧毁，报应很快就会到来。他曾经警告过他的同僚们：“如果有人告诉我，不管结果如何都要去战斗，我将在最初的6个月或1年的时间里狂奔，但我对第2年或第3年则完全没有信心。”山本的话是有预见性的。美国的机械车间、维修设施、燃料和石油储备都没有受到影响。潜艇基地又开始运作了。在珍珠港事件发生仅6个月后，美国就迅速恢复了元气。在中途岛战役中，4艘日本航母在执行袭击任务时被美国飞机击沉。

▲ 偷袭珍珠港后，海军上将山本五十六展望了日本民族黯淡的前景

▲ 废弃的零式战斗机，在偷袭珍珠港时由一等飞行下士西开地重德驾驶，这张照片拍摄于坠毁后的第10天

▲ 在执行完所罗门群岛的任务后，爱知D3A瓦尔俯冲轰炸机返回“翔鹤号”航母

海岸的哥打峇鲁。在对珍珠港进行打击的数小时内，日本轰炸机击中了菲律宾的克拉克机场和其他军事设施，再次拦截了地面上的美国飞机。

震惊和血腥，使美国突然陷入战争。正如山本所担心的那样，一场旷日持久的战争开始了。尽管后来盟军奋力向东京湾挺进，扭转了局势，并在 1945 年取得了胜利，但珍珠港的阴影仍在美国人的心头挥之不去，并将其称为“耻辱日”，就像斯大林格勒战役之于苏联人一样。尽管阴谋论已在自“耻辱日”后的四分之三个世纪内浮出水面，但这些仍是人们热议的话题。一些修正主义历史学家回顾了他们需要的所有证据，得出如下结论：罗斯福总统和其他高级盟军文官与军官 —— 甚至包括英国首相温斯顿 · 丘吉尔 —— 都知道在珍珠港和其他地点的袭击即将发生。然而，真相可能永远也不会被揭晓了。在战术层面上，1941 年 12 月 7 日，美国人几次收到了日本航空队逼近珍珠港的警告 —— 在北岸，遭遇一艘小型舰艇并在卡胡库角上方的奥帕纳发现雷达观测。问题仍是，在那个决定命运的周日早晨，美军指挥官是否应该对即将发生袭击的迹象做出更为积极的反应。

▲ 一架日本三菱零式战斗机，在前往珍珠港的“赤城号”航母的飞行甲板上轰鸣

重要战役

A PS
L7026
V PS

不列颠之战

英国独自对抗纳粹德国的过程中，皇家空军年轻的战斗机飞行员在关键的不列颠之战中击败了自负的德国空军

纳粹对法国和低地国家的征服是迅速果断的。几周后，英国远征军在敦刻尔克被逐出欧洲大陆，阿道夫·希特勒自认为已站在“二战”全面胜利的边缘。

罗斯福试图通过一系列被称为“新政”的国内计划来解决这些问题。“新政”聚焦于所谓的“三R”，即“救济”（Relief）“恢复”（Recovery）和“改革”（Reform）。“救济”是为制止进一步的经济损失而立即采取的行动；“恢复”是通过重启消费者的支出来实行经济复苏的临时计划；在“改革”过程中，则是实行了更多的永久性计划，以保障储蓄，避免经济再次崩盘。这些措施让美国人民看到新上台的民主党所带来的希望。胡佛代表的共和党曾说过，最糟糕的时期已经过去了，只有努力工作和决心才能让美国渡过难关。但事实证明，这些要么是谎言，要么是可悲的预言。

▲ 特拉福德·利·马洛里，是英国空军上将、领导皇家空军的“大翼派”，并在1944年的诺曼底战役中指挥盟军空军作战

与此同时，西方仍然面临一个重大挑战。当德国军队在巴黎香榭丽舍大道上列队行进时，希特勒和他的将军们正在考虑入侵大不列颠，以致在1940年夏天，这个岛国将不得不独自抵抗纳粹魔头。对英国来说，形势是严峻的。

6月18日，英国首相丘吉尔在下议院发表讲话，他警告说，法国战役已经结束，不列颠之战即将展开。“因此，让我们勇敢地履行我们的职责，”他说，“我们要承担起自己的责任，如果大英帝国及其联邦延续千年，人们仍会说，这是

时间线

1940年

●敦刻尔克奇迹
英国远征军、欧洲大陆大部分英国军队和其他盟军士兵的撤离工作在敦刻尔克港完成。
1940年6月4日

●战斗开始
不列颠之战最初的交战始于德国空军攻击英吉利海峡的航运，并将英国皇家空军的战斗机卷入空战。
1940年7月10日

●最伟大的一天
为了保卫宝贵的机场免受轰炸机的猛烈袭击，英国皇家空军击毁了75架德国战斗机，自己损失30架。
1940年8月15日

●带走轰炸机飞行员
英国皇家空军战斗机司令部要求轰炸机司令部飞行员转移，以弥补在激烈空战中所遭受的损失。
1940年8月17日

●最艰难的一天
德国人称之为"黑色星期四"。在连续的空战中，双方损失惨重，尤其是德军的斯图卡俯冲轰炸机，它不得不退出战斗。
1940年8月18日

●误炸
德国空军轰炸机显然偏离了航线，把致命的"货物"投掷到伦敦，袭击了市中心、居民区、工厂和东区的码头。
1940年8月24日

决定性时刻
"鹰日"
在代号为"鹰日"这一天，德国空军对英国境内的目标进行了大规模的空袭，包括雷达站和机场。英国皇家空军战斗机击落46架德国飞机。
1940年8月13日

决定性时刻
"如此少的人"
英国首相丘吉尔对下议院说："在人类的冲突中，从未有如此多的人亏欠如此少的人这么多。"
1940年8月20日

空中之争

英国皇家空军在不列颠之战中获胜，空军上将休·道丁理所当然地获得了最大的荣誉。然而，对道丁来说，这是以个人前途为代价的。战斗过程中，英国皇家空军最高指挥层内部在战术观点上出现了分歧。道丁奉行费边战略，即避免重大空战，因为这可能会严重毁坏战斗机指挥部且无法补救。与此同时，另一个英国皇家空军的派别"大翼派"则支持与德国空军进行大型的、定位进攻的遭遇战。虽然道丁得到了第11战斗机大队空军少将基思·帕克的支持，但他们的对手很强大，包括第12战斗机大队的英国空军上将特拉福德·利·马洛里，双方争论陷入白热化。11月24日，战斗机司令部的领导权转至"大翼派"支持者、皇家空军元帅肖尔托·道格拉斯手中。

▲ 空军上将休·道丁赢得了这场战役，但由于战术上的分歧而失去了指挥权

他们'最光荣的时刻'。"

德国的军队和坦克沿法国海岸线列兵布阵。军官们凝视着英吉利海峡对面20英里①外、多佛的白色悬崖。希特勒和他的高级指挥官们知道，入侵和征服大不列颠将是他们迄今为止最严峻的挑战。然而，当他们策划"海狮行动"时，仍满怀信心，他们将作战部队运送到英国海岸，并考虑了将英国皇家海军和空军的力量控制在海湾的前景。

事实显而易见。没有空中进攻的保护，士兵们是无法横渡英吉利海峡的。一旦德国空军控制了陆地和海洋的上空，英国海军便会受到限制。制空权是任何成功入侵的先决条件。德国空军司令赫尔曼·戈林元帅向希特勒保证，他的战斗机和轰炸机将在几周内横扫英国皇家空军。

戈林召集了1200多架梅塞施密特式Me-109战斗机和双引擎Me-110战斗机，以及1300多架轰炸机，以进行空袭。敏捷的Me-109战斗机全副武装，速度很快。然而，在一次典型的出击中，当德国飞行中队从挪威基地飞往科唐坦半岛时，燃料消耗限制了在英国和英吉利海峡上空的实际飞行时间——仅飞行了20分钟左右。德国空军的轰炸机，包括混合的亨克松He-111中型轰炸机、道尼尔Do-17轰炸机和容克斯Ju-88中型轰炸机，都只能携

① 1英里约等于1.61千米。

1940

●**英国皇家空军的报复**
为了回应德国空军对伦敦的轰炸，40架英国皇家空军轰炸机袭击了纳粹首都柏林，致使希特勒改变了在不列颠之战中的战术。
1940年8月25日

●**德布登机场遇袭**
位于伦敦东北部埃塞克斯的英国皇家空军德布登机场，遭到德国至少100枚炸弹的袭击，这是德国空军的第3次空袭。
1940年8月31日

●**闪电战开始**
德国空军派出400架轰炸机，由600架战斗机护送，攻击伦敦东区的码头。突袭行动昼夜不停，随后转为夜袭。
1940年9月7日

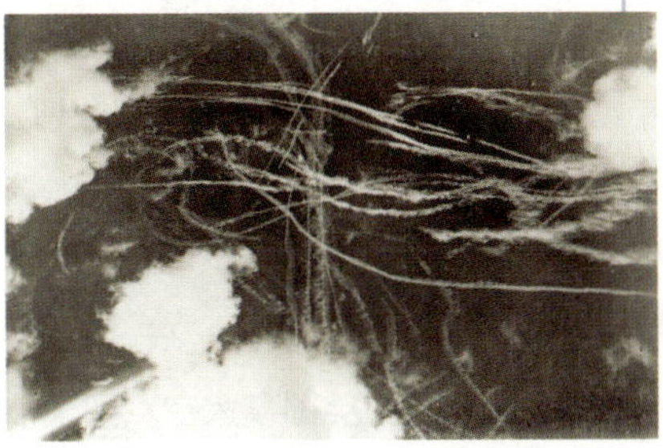

决定性时刻
不列颠战役日
伦敦是德国空军重兵突击的目标，但英国皇家空军的战斗机击落了80架敌机，在不列颠之战中从德国手中夺取主动权。
1940年9月15日

●**“海狮行动”被否定**
希特勒意识到德国空军无法取得对英国皇家空军和英吉利海峡的空中优势，因此推迟并最终取消了入侵不列颠群岛的“海狮行动”。**1940年9月17日**

●**最后的喘息**
德国空军在不列颠战役的最后一次大规模进攻中，3次联合作战，袭击了伦敦、朴次茅斯和其他目标。
1940年10月29日

最后胜利●
人们普遍认为，随着不列颠战役的结束，德国空军的空中行动受到恶劣天气的阻碍，其进攻也不再是家常便饭了。
1940年10月31日

带相对较轻的炸弹。而容克斯 Ju-87 斯图卡式俯冲轰炸机是一种恐怖的武器，在德国军队于欧洲各地展开的闪电战中，曾有效地充当过飞行大炮。但这种轰炸机很快被证明并不适合进行持续轰炸——许多笨重的斯图卡式轰炸机都被英国皇家空军战斗机所消灭。于是，容克斯 Ju-87 斯图卡式俯冲轰炸机很快退出了战斗。

在空军上将休·道丁的指挥下，英国皇家空军集结了大约700架一线的霍克飓风式战斗机、超级马林喷火式战斗机以及其他型号有些过时的战斗机，来对抗备受吹捧的德国空军。飓风式战斗机比喷火式战斗机慢，所以一种有效的合作策略出现了：飓风式战斗机的主要目标是轰炸机编队，而造型优美、火力强大的喷火式战斗机则与 Me-109 轰炸机打配合，共同作战。

空中和岛屿防御

在入侵威胁迫近之际，英国对于空中防御做了周全的准备工作。战斗机指挥部被划分为4个防御区。在德国空军实施空袭时，英国人还建立了战斗机总部来提供实时情报。总部被设置于米德尔塞克斯的乌克斯桥，第11战斗机大队负责保卫伦敦和英格兰东南部，在纳粹的空袭中首当其冲。位于诺丁汉郡沃特纳尔的第12战斗机大队负责威尔士和英格兰中部的防守，第10战斗机大队负责英格兰西南部的防守，第13战斗机大队则负责保卫苏格兰和英格兰北部。

随着不列颠之战的展开，英国皇家空军开始充分认识到新型预警装置的价值。一个叫作“海岸警戒”的雷达站系统，有效地消除了德国人在突然袭击中的任何希望。即使在德国空军的直接攻击下，这个世界上最先进的雷达网络仍能继续运作。

战斗开始了

希特勒赞同元帅戈林对轻松取得空中胜利的乐观态度，并发布了第16号指令，暂定于1940年8月15日实行“海狮行动”——就在努力消灭英国皇家空军后的一个多月。德国人把不列颠之战的开战阶段称为“卡纳尔坎普夫战役”，或称“海峡战役”。德国空军最早的空袭目标是英吉利海峡的航运和驳船运输，以及多佛、英格兰东南海岸其他港口的港口设施和飞机制造设施。

德国轰炸机在一个多月的卡纳尔坎普夫突袭中击沉了许多英国商船。英国皇家海军将大部分船只和人员从多佛向西转移至朴次茅斯。7月25日，斯图卡轰炸机摧毁了一个运输煤炭的护航队。英国皇家空军战斗机介入后，德军损失了16架飞机，英军损失了7架。两周后，德国轰炸机击沉了4艘舰船，并击毁20艘舰船护航队中的另外6艘。英国皇家空军战斗机则击落了31架德国飞机，但自己也损失了19架。

起初，海军部指示所有护航编队只能在夜间登船，但随后决定停止航道护航，尽可能多地通过铁路运输货物。德国空军尽管发动了激烈的空战和日常遭遇战，但还是未能充分削弱英国皇家空军的防守实力。

“鹰日”

由于飞行天气情况不好，德国第二轮入侵英国的准备工作几度被推迟。最后，1940年8月13日被指定为“鹰日”，即德国军队开始实施对英国空中袭击的日期。德国空军重新发起进攻的目的是，在持续不断的空战中摧毁英国皇家空军战斗机司令部。仍然对胜利充满信心的德国空军飞行员经常唱着欢快的曲子，其中有一段歌词是“我们正在与英国进行空战”。

德国人虽然意识到“海岸警戒”雷达站为英国皇家空军，特别是空军少将基思·帕克的第11战斗机大队提供了某种程度的预警，但他们从未充分认识到，此网络在皇家空军战斗机的部署和防空准备中具有重要意义。尽管如此，击中雷达站仍成为“鹰日”最初及随后两周行动的一部分。

德军为了让英国皇家空军屈服所做的努力包括：有计划地轰炸散布于英格兰南部和中部的机场；摧毁300①英尺高的塔楼和“海岸警戒”雷达网的设施；彻底消灭战斗机指挥部的飞机和飞行员。

在“鹰日”期间，德国空军轰炸机袭击了3个雷达站，但由于缺乏后续进攻计划，轰炸机只在空中飞行了6个小时，这使“海岸警戒”得以恢复。

南部的机场遭到袭击。在“鹰日”，德国损失了46架飞机，英国皇家空军则仅损失13架。然而，几天的激烈空战接踵而至。

空战愈演愈烈

到8月15—16日，在英国上空的战斗已达到白热化的程度。联合作战飞行接近2700架次。数架英国皇家空军和德国空军的飞机在空中盘旋。8月15日后来被英国称为“最伟大的一天”，英国皇家空军飞行员在这天击毁了75架德国飞机，自己损失了30架。

8月18日，被英国人称为“最艰难的一天”，而德国人则称之为“黑色星期四”，在希特勒对其空中力量的信心似乎发生动摇时，英国皇家空军的指挥官们对自身飞机和飞行员的持久力也深感担忧。德国空军损失了69架飞机，英国皇家空军损失了68架。德国空军对英国机场的袭击仍在继续，且成效显著。英国皇家空军在萨里郡肯利基地的全部10个飞机库都遭到损坏。包括飓风式战斗机的十几架飞机都被摧毁，跑道上布满了弹坑。

在8月8—18日的10天空战中，英国皇家空军损失了175架飞机，而德国空军的损失更令

---

① 1英尺约等于30.48厘米。

人震惊——332架。尽管英国的损失仅为德国的一半左右，但英国皇家空军已处于崩溃边缘。一些飞行员是被临时从轰炸机司令部拉来的，新战斗机的生产速度也达到了峰值。

8月20日，在空战最为激烈的时候，丘吉尔在下议院再次站起来。他说："在我们的岛上，在我们的帝国里，甚至全世界，除了罪人的栖身之所外，家家户户都要感谢英国空军，是他们，不畏艰难，不畏挑战，不畏危险，以他们的英勇和献身精神扭转了世界大战的局势。在人类的冲突中，从未有如此多的人亏欠如此少的人这么多。"

死缓与复苏

首相激动人心的话打动了英国人民，打动了英国皇家空军的战斗飞行员。尽管如此，在这个问题上仍然存在疑问。截至当月底，英国皇家空军位于英格兰东南部的7个主要基地中，有6个遭到严重破坏，但英国皇家空军还是让希特勒停了下来。9月3日，已经被推迟了一次的"海狮行动"又被推迟了3周。在德国空军继续对英国皇家空军设施和制造业设施进行日间袭击的同时，戈林还指挥了对英国各地军事目标的夜间袭击。然而，主要城市并没有成为袭击目标，因为德国人知道，英国皇家空军肯定会对德国人口中心进行报复。不久前的8月24日晚，几架德国空军轰炸机曾偏离航线，向伦敦投掷炸弹。第二天晚上，英国皇家空军的轰炸机就袭击了柏林。

希特勒勃然大怒，制定了一项新战略，试图用恐怖的轰炸来击垮英国人民的斗志。9月7日，德国轰炸机在伦敦上空出现。2000多名平民伤亡。英国首都连续57个夜晚惨遭蹂躏。

德国空军并未完全停止日间行动，打击重点重新转向英国城市。尽管如此，英国战斗机司令部却因此得以喘息，接着出现了空中优势的反转。9月15日，英国对目标发动了两次大规模袭击。英国皇家空军派出300架战斗机直上云天，击落80架敌机。德国空军无法承受这样的损失，缩减了进一步袭击的次数和规模。因此，直至今日，每年的9月15日都会被英国人作为"不列颠之战"的纪念日来加以庆祝。

这场灾难，促使希特勒在两天后无限期地取消了"海狮行动"。他随后下令，撤离为跨海峡入侵而组装的驳船和其他军舰。到了10月中旬，英国皇家空军明显地赢得了不列颠之战。

在4个月的空战中，有近1600名英国皇家空军飞行员丧生，400多人受伤，1744架飞机损毁。德国空军有2600人死亡，735人受伤，900多人被俘。近2000架德国飞机被摧毁。

骇人听闻的附言

尽管纳粹的战争机器在英国上空的飞行速度已有所放缓，但德国空军的恐怖轰炸行动仍持续了数月。伦敦并不是唯一遭受希特勒和德国空军愤怒袭击的城市。1940年11月14日，考文垂遭到400架轰炸机的袭击，568人死亡，1200人受伤。利物浦、曼彻斯特、伯明翰等地也遭到猛烈空袭。正如大家后来所知，闪电战持续了几个月，直到1941年5月。

那时，希特勒已断定，英国绝不会屈服于空袭。英国的城市已经被烧得支离破碎，但英国皇家空军依然坚定。希特勒决定离开西方。数周后，纳粹将以"巴巴罗萨行动"之名入侵苏联。不列颠之战以英国的胜利告终，但其他的战争才刚刚开始。

血腥的战斗

“二战”的结果和第三帝国的命运都决定于
斯大林格勒血迹斑斑的废墟上

“二战”的关键性战役发生在苏联城市斯大林格勒。虽然，对任何一方来说，这座城市都不是最具战略意义的要地，但它的名字却让希特勒和斯大林都为之着迷。1943 年 2 月，当枪炮声终于沉寂于废墟时，已有 100 多万名纳粹国防军士兵和苏联士兵在战斗中死去，更毋庸说无辜的苏联平民了。

1942 年 4 月，苏联阻止了德国国防军攻占莫斯科，随着反攻的逐渐结束，武力夺取斯大林格勒的想法开始在希特勒的脑中萌生。其目标是，在继续交战前占领该市，以确保高加索地区以外的油田安全和德国军队的重要供应，并切断苏联进入该市的通道。5 月，随着苏联在哈尔科夫进攻的失败，通往斯大林格勒的道路被打通了。

当蒂莫申科将军的重创部队面对两支德国装甲部队（埃瓦尔德·冯·克莱斯特领导的第 17 军和弗里德里希·保卢斯领导的第 6 军）而撤退

时，苏联宣布了一条斯大林格勒防线，从莫斯科调动预备役部队，以前往助攻。这场较量是为了在德国向这座城市发起猛攻前，做好充分的准备。但是，须保卫斯大林格勒的不仅仅是士兵。

近20万平民被动员起来，成立工人纵队，在陆军工兵埋设地雷的同时，挖掘6英尺深的反坦克壕沟。甚至连小学生也被派往伏尔加河沿岸的汽油罐周围建造土墙。防空炮兵连则由年轻妇女组成，她们在伏尔加河两岸设置火炮，以保卫重要的阵地，如贝克塔夫卡发电站和名存实亡的拖拉机厂，这些地方已被改造成制造令人畏惧的T-34坦克的兵工厂。避免毁灭，需要每一双手。

拯救斯大林格勒行动的总指挥权落到了无情的瓦西里·崔可夫将军手中。以脾气暴躁而著称的崔可夫，在向任何敢于想象撤退的指挥官灌输恐怖思想的同时，不知疲倦地努力提高其军队的士气，尽管此时已是四面楚歌。逃兵会被他毫不犹豫地击毙。

崔可夫对危险局势的态度很简单：“时间就是鲜血，”即将到来的战斗耗时越长，德国人付出的代价就越大。每一个障碍都将被设置在德国人的路上。甚至不可移动的坦克也被安置到阵地，以提供火力支持。斯大林格勒如果被占领，将是寸土寸血。

大火风暴

8月21日，德军在结束顿河的战斗后，随即于8月23日展开了对斯大林格勒的进攻，尽管此时他们甚至还没到达伏尔加。在冯·里希特霍芬将军的指挥下，由1200架飞机组成的第4航空队（包括容克式88和海因克尔式111轰炸机）前往斯大林格勒，点燃了一场“地狱之火”。在总共1600架次的飞行中，里希特霍芬的飞

▲ 在夺回他的排并积极保卫了一座建筑后，雅科夫·费多托维奇·巴甫洛夫中士成为英雄，这座建筑后来被称为“巴甫洛夫之家”

▲ 四层楼高的“巴甫洛夫之家”成为斯大林格勒抵抗德国血腥进攻的象征

保卫“巴甫洛夫之家”

“巴甫洛夫之家”以坚守、保卫它的雅科夫·巴甫洛夫中士的名字命名。围攻此建筑使德国人付出了沉重的代价，并成为苏军抵抗意志的象征。从德国人手中夺回这幢四层高的大楼后，第13警卫师的士兵在每扇窗户上都架起了机关枪，并用铁丝网和地雷将大楼围住。他们发现，建筑物屋顶上的反坦克炮太高，德国坦克无法向其开火。

补给通过一个沟渠从伏尔加河运至楼内。守军们从大楼顶上俯瞰伏尔加河，可以清楚地看到1千米内北部、南部和西部的情况。从9月27日到11月25日，他们设法击退了德军一波又一波的进攻，直至苏联的增援部队前来解围。

行员们投下了大约1000吨炸药，在此过程中只损失了3架飞机。斯大林害怕引起大规模的恐慌，拒绝疏散平民，数千人困于城中，在杀戮中丧生。公寓楼要么被炸空要么全部倒塌，木质房屋被夷为平地。德国空军对整个城市任意进行地毯式轰炸，他们袭击了医院、自来水厂和电话线路，还轰炸了河边的汽油罐，火焰直冲1500英尺高的漆黑天空。

一场旷日持久的轰炸正在进行，第16装甲师越过大草原向城市进发。尽管防空炮兵连勇敢地向德军发射了37毫米的炮弹，但德军装甲部队在斯图卡式轰炸机的掩护下仍然能够继续向前推进。23日下午，德国人抵达了伏尔加河。

德国人期待着一场相对迅速的胜利，他们确信，这样的一次令人粉身碎骨的战争，将击溃苏联的意志和抵抗能力。但具有讽刺意味的是，他们事实上却播下了让自己覆灭的种子。被捣毁的斯大林格勒废墟成为一个狭窄的杀戮场，使狙击手和短兵相接的战斗占据了上风，这种作战方式并不适合德国人善长的快速而又全面的策略。

在恐怖爆炸发生后的几天里，霍斯将军的部队缓慢地向前推进，击退了苏联的第64军。在进攻开始前，苏军的抵抗力量相对较弱，受此鼓舞，保卢斯决定在他们到达后，不加休整直接投入战斗。在德国人涌上街头的同时，苏军的增援部队也赶到了。

苏联人所面临的形势是极其严峻的，事实上，当他们向敌人奔去时，机关枪就在他们的身后。要么战斗而死，要么撤退而死，除此之外，他们别无选择。他们不得不依赖在德国猛烈炮火下穿过伏尔加河送来的补给，但这些补给却未能有所帮助。

德国装甲部队与其飞行员同事们协作，继续在城中作战。此时他们意识到，他们的坦克在狭窄街道上的脆弱性。8月31日，德军到达斯大林格勒—莫罗扎斯克铁路。保卢斯现在坚信，苏联第62军和64军可以被拆分消灭。

乔治·朱可夫元帅两天前的到来再次表明，苏联所面临的任务规模很大。在德军空袭的重压下，苏军士气日趋崩溃，一名师长甚至让他的士兵排成一队，朝每第十个人开枪，直到把子弹用尽。就在苏联准备发动反击、以阻止德国装甲部

当德国人涌上街头时，苏联的援军也来了。

▲ 轰炸和随之而来的大火，把斯大林格勒变成了一片废墟，但这座城市仍在继续战斗

队前进的时候，朱可夫恳求斯大林推迟进攻。

朱可夫发现，被派去执行任务的部队装备简陋，弹药不足，而且主要由老后备军组成。苏军方面有着明显的缺陷，斯大林变得越来越紧张，他认为一旦德国的坦克开始入侵，任何拖延都可能是致命的。最终，朱可夫确实成功地多争取到两天时间，但这对他们来说差别不大，因为前进的时间太短暂了。

反击

第 1 护卫军向苏联干草原[①]仅成功推进了几英里，而第 24 军也回到了原点，完全没有取得任何进展。然而，这次进攻并非完全是徒劳的。它迫使保卢斯转移了他的后备部队。就在此时，第 62 军和第 64 军的残部被推回城市周边。德军付出了巨大的代价，一天之内就失去了 6 名营指挥官，许多连队面临全军覆没，有些连队只剩下 40 人。

从手榴弹到莫洛托夫燃烧瓶，苏联人用尽了一切手段。许多人徒手进战场，等到一名战友倒下后再拿起他的步枪。抵达该市的士兵，可能距离死亡均不超 24 小时，这不足为奇。由于与德国第 6 军和第 4 装甲军作战的士兵只剩不到 4 万名，因此德国人认为，斯大林格勒的沦陷不过是一个时间的问题。

9 月 12 日，保卢斯与希特勒在他的文尼察总部举行了一次高级别会议，随后，又一次发动

① 干草原：特指西伯利亚一带没有树木的大草原。

了大规模进攻。再一次的炮击和轰炸已提前捣毁了这座城市，德国国防军开始取得进展，朝着马马耶夫岗前进，这是一座能够俯瞰伏尔加河的山丘，也因其高度（以米计）而被称为“102 山”。因霍斯的装甲部队和步兵部队意在粮仓，士兵们开始向火车站进发。

斯大林下令派人渡过伏尔加河，去保卫西岸。第 13 警卫师在德军的炮火下列队等候行进。那些到达岸边的人从船上跳下、冲向敌人，因为他们知道，稍有耽搁就意味着死亡。

双方援军陆续涌入这座城市，近距离战斗随即展开。这座山在战略上至关重要，苏联方面如果失去它，将使德军能够控制整条河流，而苏联所有的补给运输都必须通过这条河。

死亡工厂

德国人越向前推进，遇到的抵抗就越顽强。每一座建筑都必须为之战斗，无数的故事都讲述了寡不敌众的人们所进行的一波又一波的进攻，其中最著名的例子之一是“巴甫洛夫之家”。据说，德国人在这座房子消耗的兵力，比投入整个法国战役的还要多。在遭遇战中，火焰喷射器被证明是非常有效的，但在瓦砾堆中，像著名的瓦西里·扎伊采夫这样的狙击手才是最厉害的。德国人称这种残酷的战斗为“老鼠战争”。

10 月初，德国人开始进攻城北的工厂区。许多军事设施，包括红色十月大楼和拖拉机厂，都已经被用作“堡垒”。随着战争的起伏，这些设施几经易手。在某些情况下，为了进入这些建筑，装甲部队会采取直接撞击的方式。

10 月底，这些关键的位置最终落入德军手中，但其为此付出的代价却是灾难性的。雨点般的喀秋莎火箭炮和迫击炮的炮火逐渐削弱了这次进攻。就在冬天来临的时候，德国国防军发现，自己的精力正在耗尽，血也几近流干。

11 月 11 日，决定性突破到来了。在德国空军摧毁工厂的烟囱时，德国的步兵占领了苏联

▲ 对斯大林格勒的空袭始于《苏德互不侵犯条约》签订3周年之际，这个条约本应阻止这次袭击

决定性时刻

马马耶夫岗战役

斯大林意识到，失去这座具有战略意义的小山将使德国人完全控制伏尔加河，于是下令派遣军队夺回伏尔加河。一场争夺“102 山”的血战开始了。

9 月 12 日以后

▲ 几个世纪以来，这座能够俯瞰城市的小山一直是一条具有重要战略意义的防线

时间线

1942

● 轰炸袭击

《苏德互不侵犯条约》签订 3 周年之际，德国人从空中摧毁斯大林格勒，造成数千人死亡。

1942 年 8 月 23 日

● 伏尔加河上的德国国防军

德军的进攻是如此凶猛，以至于在日落时分，希特勒的部队已在凝视伏尔加河，而不是那些曾经挡住视线的建筑物。

1942 年 8 月 23 日

● 斯大林格勒—莫罗扎斯克铁路

德军奋力向前推进，攻至关键的铁路线，迫使绝望的苏联人撤退。

1942 年 8 月 31 日

● 苏联反击

苏军在 9 月初发动了一场反攻，虽然没有取得什么进展，但却使其第 62 军和 64 军的残部免于遭受德军的进攻。

1942 年 9 月

● 德国新的进攻

保卢斯开始了新的进攻，用大炮和空中轰炸彻底击溃这座城市。他的部队随后到达马马耶夫岗。

9 月 12 日

● 工厂里的战斗

德军继续向城市深处挺进，甚至到达了工业区。于是苏军奋力保卫包括拖拉机厂的主要建筑，战斗开始。

10 月 4 日

的建筑，但不久就放弃了。因苏军的固守，有些人一直战斗到最后，直到街上到处都是燃烧的坦克。一支仅由 15 人组成的队伍向伏尔加河上的油箱发起了冲锋，这表现出了苏军钢铁般的意志。这些人的勇敢和坚韧令德军觉得，他们简直就是与生俱来的“战斗民族”。而正是这些看似超人的勇士们，很快就会进行一场大规模的复仇。

由于苏联在此前将工业向伏尔加河以外的地区进行了转移，苏联的工厂得以继续生产大量的武器。据估计，坦克的月产量为 2200 辆，其中包括令人生畏的 T-34 坦克。希特勒不仅低估了敌人的工业生产能力，还盲信他们已经筋疲力尽。

这种狂妄自大让“天王星行动”的雷鸣声更加震耳欲聋。事实上，那些被认为消耗殆尽的苏军已经秘密地集结了一支庞大的部队，用以发动一场野心勃勃、极其残酷的侧翼进攻——一支主力突击队将在斯大林格勒以西 100 英里处出发，而另一支大军则从顿河以南出击，与此同时，一股装甲部队从这座被烧焦城市的南部也发起进攻。

11 月 19 日上午，在大雪纷飞中，苏联的大规模轰炸开始了。由意大利和罗马尼亚军队支持的德军，甚至都不知道是什么袭击了他们。第 6 军的合围已经开始，并将以德军的毁灭而告终。希特勒拒绝让保卢斯的士兵撤退，而戈林也坚持认为，德国空军可以继续为受困的士兵提供补给，这些都加剧了他们的厄运。1943 年 2 月最初几天，斯大林格勒一片静寂。

这场恐怖的城市保卫战是人类历史上最血腥的战斗之一。用温斯顿·丘吉尔的话来说：“斯大林格勒是开始的终点。”事实证明，这场保卫战是创伤性的，却也逆转了局面，此后，德国的国防军再未彻底恢复过。苏军将向柏林进军。冲突已进行了两年多，而“二战”的结果也已经在斯大林格勒的城市废墟中尘埃落定。

决定性时刻

德军试图最后一搏

由于补给不足和持续作战带来的疲劳，保卢斯试图终结战斗。德军强行前进，并攻下了很多苏联建筑物，但最终没能发出致命一击。

11月11日

▲ 德国军队试图强行通过这座满目疮痍的城市，但最终失败了

●狙击手运动

随着十月革命纪念日的临近，以瓦西里·扎伊采夫为首的“狙击主义”团体开始出现。在战斗中杀死 225 名敌军士兵的扎伊采夫开始训练年轻的狙击手。

10月中旬

●工厂的倒塌

约半个月以后，德军终于全面控制了这个地区。然而，苏军的守军仍在附近，其中一些人甚至留在了拖拉机厂内。

10月下旬

●“天王星行动”

苏联在距离斯大林格勒 100 英里的地方集结了大约 100 万人，开始了一场大规模的合围行动，希望把德军困在城里和干草原上。

11月19日

●收网

当保卢斯听到正在逼近的苏军已威胁到第 6 军的两个侧翼时，十分震惊。

11月21日

●惊慌失措的撤退

随着苏联坦克的逼近，保卢斯迅速放弃了他的总部。沃尔特·冯·西德利茨将军命令两个步兵师烧毁他们的补给，从斯大林格勒撤退。

11月21日

●希特勒毁灭了第6军

随着突围希望的迅速消退，希特勒向被困的第 6 军发出“不能投降、战斗到底”的命令。

1943年1月22日

1943

第6军投降●

保卢斯被困部队投降。大约有 9.1 万名士兵被俘。只有 5000 人回到德国。

1943 年 1 月 31 日—2月2日

CI·CIA

“D 日”：诺曼底登陆

“D 日计划”是一项不可思议的任务，它改变了战争的进程，但在此事背后，盟军在还没有抵达诺曼底时，它就受到了盟国之间冲突的影响

大约在早上 6 点 30 分，他重重地摔了一跤，他的背包向前突倾，肩膀也随之着地，浑浊的灰色海水像墙一样砸在他的身上。他踉踉跄跄地走着，而他身后的人根本无暇顾及他身体的不平衡——只顾着他们得到的命令以及在头顶呼啸而过的子弹，还有从地平线传来的隆隆炮声和机枪的轰鸣。在那里，沙地变成了山坡。一只手粗暴地抓住了他的肩膀，把他拽起来，平稳地向前推。他没有听到喊什么，但他明白这是什么意思。如果他不坚持下去，他会死在这里。

在第 8 步兵团从登陆艇上跳下、进入犹他海滩前的 5 小时 12 分，一个士兵跌跌撞撞地跳进了昏暗的灰色水域，另一个军人则用平稳的呼吸来掩盖他的紧张。运输机如酒醉般的摇晃，像孩子放的风筝在狂风中摇曳。风从运输机敞开的舱门中呼啸而过，当德军的枪声响起时，曳光弹照亮了它们周围的天空。在黑暗中，人们默默地抽烟——其中有些人在祈祷。命令下达，红灯亮了，他们站起来——香烟被熄灭了，祈祷却还没有完成。他跳了起来，法国人冲上去迎接他。

同一天晚上，101 空降师的“呼啸之鹰”从他们的飞机上跃入诺曼底的黑暗之中，大概在此前的 30 或 40 分钟，英国首相温斯顿·丘吉尔从窗口转过身来。他习惯晚睡，但据他妻子克莱门蒂娜描述，他那晚显得焦躁不安。只有像克莱门蒂娜那样了解他的人才会注意到，丘吉尔那出现在上千条新闻中的贵族式怒容暂时柔和了下来。“你知道吗，”他突然猛吸了一下雪茄说，“当你早上醒来的时候，可能已经有两万人死去了。”

丘吉尔对盟军遭遇灾难的担心，与美国率先到达海滩的事实相互关联。自 1941 年 12 月美国参战以来，丘吉尔就一直在拖延罗斯福始终坚持的有力请求——让法国参战。相反，他把注意力集中在了北非和意大利。在丘吉尔看来，意大利是轴心国的“软肋”，但对美国来说，意大利只是在牺牲自己的利益来保护英国脆弱的殖民地。

登陆 盟军在6月6日（“D日”）的部署

空军总司令：
英国空军上将特拉福德·利·马洛里

美国第1军团
指挥官：上将奥马尔·布莱德雷

第7兵团
指挥官：少将J.L.科林斯

第4步兵师“常春藤”
指挥官：少将雷蒙德·巴顿
目标：率先进入犹他海滩

第9步兵师“老可靠”
指挥官：少将曼顿·埃迪
目标：夺取并守住犹他海滩

第79步兵师“洛林十字架”
指挥官：少将艾拉·T.威奇
目标：夺取并守住犹他海滩

第90步兵师“深色条纹”
指挥官：准将杰伊·W.麦凯尔维
目标：夺取并守住犹他海滩

英国30突击队“红印第安人”
指挥官：上尉G.派克
目标：夺取达夫雷斯·拉·德利夫兰德雷达站

第70坦克营“霹雳侠”
指挥官：中校约翰·C.韦尔伯恩
目标：支持登陆犹他海滩

第237战斗工兵营
指挥官：少校赫歇尔·E.林
目标：清除犹他海滩的地雷和障碍物

第299战斗工兵营
指挥官：上校米尔顿·朱伊特
目标：清除犹他海滩的地雷和障碍物

犹他海滩

第5军团
指挥官：少将伦纳德·T.杰罗

第1步兵师“大红一号”
指挥官：少将克拉伦斯·许布纳
目标：夺取并守住奥马哈海滩

第29步兵师“蓝与灰”
指挥官：少将查尔斯·格布哈特
目标：夺取并守住奥马哈海滩

突击队
指挥官：中校詹姆斯·厄尔·鲁德尔

第2突击营
指挥官：中校詹姆斯·厄尔·鲁德尔
目标：夺取霍克角的排炮

第5突击营
指挥官：中校马克斯·施奈德
目标：夺取霍克角的排炮

霍克角

第743坦克营
指挥官：中校约翰·S.厄珀姆
目标：支持奥马哈海滩登陆

奥马哈海滩

专业密钥

- 作战工程师
- 秘密情报搜集
- 两栖中型坦克
- 轻步兵，通用且可靠
- 空袭，轻步兵
- 为海岸突击而训练的特种部队
- 步兵、特种部队
- 步兵、快速坦克
- 扫雷、架桥和运输

▼ 当美军登陆艇接近奥马哈海滩时，他们将目光投向海岸

内陆

第82空降师“全美师”
指挥官：少将马修·李奇微
目标：保卫第6军团的左翼和后方

101空降师“尖叫鹰”
指挥官：少将马克斯韦尔·D.泰勒
目标：保卫第6军团的左翼和后方

▲ 美军突击队在霍克角

最高指挥官：
上将德怀特·D.艾森豪威尔

海军总司令：
海军上将伯特伦·拉姆齐

陆军总司令：
陆军元帅蒙哥马利

第 2 军（英国 / 加拿大）

黄金海滩

指挥官：中将杰勒德·巴克纳尔

- **第 50（诺森布里）步兵师**
  指挥官：少将 D A H. 格雷厄姆
- **第 69 步兵旅**
  目标：夺取并守住黄金海滩
- **第 151 步兵旅**
  目标：夺取并守住黄金海滩
- **第 231 步兵旅**
  指挥官：准将亚历山大·斯塔尼尔
  目标：夺取并守住黄金海滩
- **第 56 步兵旅**
  目标：夺取并守住黄金海滩
- **第 8 装甲旅**
  指挥官：中校约翰·S. 厄珀姆
  目标：支持登陆黄金海滩
- **第 47 号（英国海军陆战队）突击队**
  指挥官：中校 C F. 菲利普斯
  目的：夺取贝辛港
- **皇家海军陆战队第 1 装甲支援团**
  指挥官：皇家海军突击支援队
- **第 89 野战连，皇家工兵**
  目的：清除黄金海滩出口的地雷和其他障碍物
- **第 90 野战连，皇家工兵**
  目的：清除黄金海滩出口的地雷和其他障碍物

朱诺海滩

指挥官：中将迈尔斯·登普西

- **加拿大第 3 步兵旅**
  指挥官：少将罗德尼·F L. 凯勒
- **加拿大第 7 步兵旅**
  目标：夺取并守住朱诺海滩
- **加拿大第 8 步兵旅**
  指挥官：准将哈里·威克怀尔·福斯特
  目标：夺取并守住朱诺海滩
- **加拿大第 2 装甲旅**
  目标：支持登陆朱诺海滩
- **英国第 79 装甲师**
  指挥官：少将珀西·霍巴特
  目标：清除地雷并辅助登陆朱诺海滩
- **加拿大第 9 步兵旅**
  目标：保护区，支持登陆朱诺海滩

宝剑海滩

指挥官：少将 T G. 伦尼

- **第 8 旅（突击旅）**
  目标：夺取并守住宝剑海滩
- **第 9 旅**
  目标：夺取并守住宝剑海滩
- **第 185 旅**
  指挥官：准将 K P. 史密斯
  目标：夺取并守住宝剑海滩
- **第 5 皇家海军陆战队装甲支援团**
  目标：支持登陆宝剑海滩
- **第 27 装甲旅**
  指挥官：准将乔治·埃罗尔·帕尔默
  目标：支持登陆宝剑海滩
- **第 1 特勤旅**
  指挥官：准将洛瓦特勋爵
  目标：夺取德国主要防御工事
- **第 4 特勤旅**
  指挥官：准将 B W. 莱斯特
  目的：保护宝剑海滩的侧翼

德怀特·D. 艾森豪威尔将军

美国，1890—1969

作为盟军在欧洲的司令和未来的美国总统，艾森豪威尔不得不与包括温斯顿·丘吉尔在内的、自尊心受挫的政客做斗争，以推进对纳粹控制下的法国的大胆进攻，这就是后来的诺曼底战役。

“D 日计划”将是战争史上最大的一次两栖军事行动

希特勒和他的将军们仍然相信，进攻最有可能来自加莱，因此他们在那里进行了重兵防御。

丘吉尔被英国在“一战”中遭受的损失所困扰，他的恐惧却使他走向了战略自负。就像在土耳其加里波利血淋淋的滩头阵地一样，意大利也是个难以对付的地方，攻克“软肋”已经变成了在多山的半岛上艰难地爬行。与此同时，斯大林也在施加压力，要求开辟第二条战线，用以将正在寒冷的东部大规模屠杀的德国军队分离开来。

在战争的头两年里，英国或许“孤立无援”地捍卫着西方民主，但现在他们似乎被边缘化了。丘吉尔勉强承认，美国的国内政治决定了战争的长期目标——其中许多目标，如大英帝国的非殖民化和它对于欠下的巨额战争贷款的全额偿还，还决定了战场上的战术。

1943 年 8 月，罗斯福和丘吉尔在魁北克会

泰勒地雷

泰勒地雷被安装在木桩上，巧妙地面向大海，朝着入侵者的方向，在涨潮时可以由登陆艇触发。这是一种防窜改装置，如果受到干扰，可以触发 5 千克 TNT 炸药——足以把履带从坦克上炸下来。

盟军

希特勒和他的将军们仍然相信，进攻最有可能来自加莱，在那里，他们进行了重兵防御。工事没有受到空袭的破坏。估计有 2400 名美国士兵在夺取海滩的过程中丧生。

希金斯艇

平底希金斯艇或人员及车辆登陆艇（LCVP），在放下坡道前，将轻型车辆或最多 100 人送到浅水区，当步兵下船时，他们用两艇 30 毫米口径机枪进行射击掩护。一旦海滩安全，工程师便会登陆海滩，开始组装预制的马尔伯里避难所，大型登陆舰（登陆舰、坦克）紧随其后，配备重型车辆和设备。

“捷克刺猬”

交叉轨道的锯齿球，使登陆艇在涨潮时无法着陆。一旦登陆艇被卡住，船体会被撕开一个洞，导致坦克减速。最初被用于捷克斯洛伐克边境以阻止德国坦克，有时被称为“捷克刺猬”。

机枪巢

机枪巢通过战壕与地堡和碉堡相连，守卫着海滩上的步道，压制住来自臭名昭著的MG42的火力，将袭击者从他们的优势位置击退。虽然容易受到盟军军舰和飞机的轰炸，但只有在改变弹药带时，才能给盟军步兵提供发动攻击的关键时刻。

炮兵窗

德国炮兵阵地被厚厚的混凝土包围着，炮轰驶近海滩的盟军船只。在登陆前将其攻下是早期海空轰炸的一个关键任务，因为连轻型坦克都无法击溃他们。步兵们不得不艰难地砸毁玻璃窗，在枪口下，把手榴弹扔进拥挤的房间或冲入相连的战壕。

地雷

人们可将地雷埋在沙土下面，以打击粗心大意的人。步兵的地雷是由一排绊网触发的，即在主炸药爆炸前，S型地雷（绰号为“弹跳贝蒂”）用一个小型炸药将自己向上推进60—120厘米。

带刺铁丝网

大量的沿着海堤使用的铁丝网，用以阻挡进攻者的掩体，一圈圈带刺的铁丝网可以减缓盟军的速度，当盟军小心翼翼地切割或压平铁丝网并通过时，机枪的扫射会令简单的事情变得越发困难。松散的线圈会缠住粗心的人，使他们难以穿过。

陆军元帅伯纳德·蒙哥马利

英国，1887—1976

在“霸王行动”中，盟军地面部队的指挥官是隆梅尔的对手、陆军元帅蒙哥马利。他将艾森豪威尔的“D日计划”付诸行动。他因未能攻占诺曼底最大城市卡昂而受到美国将军的严厉批评。

海堤

3米高的混凝土海堤，在抵御海岸侵蚀和反常涨潮的同时，也抵御着盟军的进攻。这会使步兵难以退出海滩，车辆也不可能离开。然而，它确实也为进攻者提供了难得的躲避德国炮火的场所。

陆军元帅埃尔温·隆梅尔

德国，1891—1944

隆梅尔是传说中的“沙漠之狐”，也是德国在北非取得胜利的战略的策划者。他负责布设了数百万枚地雷和数千个坦克陷阱，让滑翔机无法通过田野和海滩。隆梅尔几乎是德国最高统帅部中唯一确信盟军会在诺曼底登陆的人。

两种人

参加了“D日计划”的约瑟夫·阿根西奥回忆道：“泰勒上校，我们的团长，进来后开始大声喊道：‘这个海滩上只有两种人，一种已经死去，另一种即将死去，所以让我们离开这里吧。’工程师们炸开带刺的铁丝网，我们开始往上爬，向着炮眼顶部奋力往上爬。”

议上发表演讲，使群众欢欣鼓舞，美国陆军参谋长、跨海峡登陆法国的首要支持者乔治·马歇尔将军上前进行了抨击，此次会议被帝国总参谋长艾伦·布鲁克爵士在日记中描述为盟军高层之间的“痛苦会晤”。马歇尔对丘吉尔的拖延态度忍耐已久——首相曾建议在希腊群岛、巴尔干半岛甚至挪威展开其他战役，马歇尔抛出最后通牒：要么英国支持全面登陆法国，要么美国放弃“德国优先”战略，集中所有精力在太平洋地区击败日本。在高度保密的情况下，1944年5月1日——后来改为6月5日——被指定为“霸王行动”开始的日期。在所有备选的登陆地点中，他们最终选择了诺曼底，因为布列塔尼或康坦丁半岛都易被包围，加莱海峡虽然是英法之间距离最短的地方，但也是防御最为严密的地方。美国将军德怀特·艾森豪威尔被任命为盟军远征军（SHAEF）最高司令部司令，即所有盟军在欧洲的司令；英国将军伯纳德·蒙哥马利被任命为第21集团军司令，其集团由参与最初进攻的39个师组成。

登陆日将是战争史上最大的一次两栖军事行动，最初的3个登陆区后来扩大为5个，覆盖了法国80千米长的海岸线。美军首先在犹他和奥马哈海滩登陆，1个小时后，英军和加拿大军队在黄金海滩、朱诺海滩和宝剑海滩登陆。在海军轰炸的支持下，15万名士兵从海上登陆，在此之前，将有大胆的伞兵和滑翔机降落，进入更远的内陆地区。美国第82和第101空降师的3万

火力

盟军和守军在诺曼底战役中使用了大量不同的武器，如图中的来福枪。反坦克武器、火焰喷射器、手榴弹、散弹枪和机关枪也被用于海滩上的攻防。

名士兵，连同第 6 空降师的加拿大和英国部队空降诺曼底，他们的任务是保护桥梁和十字路口，建立渡口并干掉对方炮兵部队。

随着计划的深入实行，丘吉尔发现，他不仅无法直接与曾饱含感情地署名为“你的美国表弟”的总统取得联系，还被他给骗了，他是这一战略的架构师，也是导致首相如此焦虑的首要原因。丘吉尔的私人秘书乔克·科尔维尔写道：“首相现在看起来是如此的疲惫不堪，让我感到震惊。”

改装后的冠达邮轮开始卸货——包括人员和他们需要的装备——以备不时之需，把英格兰南部变成了一个庞大的卡其色军营。1944 年 1—6 月，70 万美军抵达英国，驻扎在英国各地的士兵总数增加到 288 万。其中约有 5% 的人将参加诺曼底战役，其余的将参加随后的战役。

1942 年 11 月，当第一批美军抵达北非时，他们还是新兵，刚完成基础训练，且信心满满。他们的学习曲线陡峭且昂贵，但为“D 日计划”做准备的将军们已在西西里岛和意大利经历过两栖登陆——尽管规模没有这么大——并对德国防御力量没有任何幻想。尽管如此，训练是深入而彻底的，第一次大规模演习就暴露出盟军的整体弱点，而且它还成为了一场规模巨大的灾难，以至于“D 日计划”差点儿被取消。

德文郡的斯莱普顿沙滩，因其与犹他海滩相似而被选中进行演习。1944 年 4 月 22 日，皇家海军派出 3 万名士兵，以及坦克和登陆艇，准

他从一个组走到另一个组，和尽可能多的人握手。他在与每个人握手时都说了几句祝他成功的话。

▲ 在“D日”前，艾森豪威尔在对一名英国伞兵讲话

“D 日”数据

300 架飞机轰炸了诺曼底海岸

5000 艘运送士兵的船只

15 万人

6 个伞兵团

1.3 万名伞兵

每天在犹他海滩和奥马哈海滩卸下 **2** 万吨补给

登陆首月需要 **5** 万吨汽油

投入使用 **3** 万辆车

800 架运输机

德国在6月6日损失 **1** 万人

44.8 万吨弹药

备从“守军”手中夺取沙滩。在最初的几天里，重点是登船，因此，军官们主要将他们的职责聚焦于进出运输船上，随后在4月28日开始了第一次“全面进攻”。

艾森豪威尔下令使用实弹，以便让部队熟悉轰炸的景象和声音，因此，英国皇家海军的“霍金斯号”将在登陆前炮击海滩。负责此次演习的海军上将决定将一切向后推迟60分钟，但不知为何，信息并没有传达给所有的登陆艇，只有一些船艇被拦下。于是，倒霉的士兵们开始在“霍金斯号”轰鸣的枪炮下向海滩发起猛攻，结果造成308人死亡。更糟的事情接踵而至。当晚，由英国皇家海军“杜鹃花号”护送的大型坦克登陆舰（LST）编队从普利茅斯出发，前往斯莱普顿沙滩，模拟穿越海峡。

当德国E艇（加大马力在英吉利海峡巡逻的快速攻击艇）冲出黑暗，用鱼雷开火时，英国皇家海军“杜鹃花号”像鸭子一样，带领8艘登陆艇排成一列穿过莱姆湾。在一次例行巡逻中，他们被英国异常繁忙的无线电通信吸引到莱姆湾。由于不愿意暴露海湾的防御有多好，海岸炮兵连保持沉默，而英国皇家海军“杜鹃花号”则试图单独击退它们，这导致两艘登陆艇被击沉，两艘遭到严重损坏。他们没有意识到危险——皇家海军“杜鹃花号”的船员们根本不知道，坦克登陆舰上的美国军官使用的是不同的无线电频率——且准备严重不足，救生艇下水慢，惊慌失措的士兵用错误的方式穿了救生衣，以至于沉重的背包使许多人翻到水里，脸朝下淹死。

记录显示，有198名水兵和551名士兵死亡，但在找到尸体之前，人们非常担心，因为熟悉“D日计划”的军官已经被捕，他们可能会在德国审问灯的刺目强光下泄露整个计划。然而，由于军官们保持了沉默，“霸王行动”并没有受到致命的威胁，无线电编码也因此标准化了。尽管希特勒和他的将军们仍然坚信，进攻最可能来自加莱并在那里集中了重型防御，但1944年初被派到法国加强防御的“沙漠之狐”陆军元帅埃尔温·隆梅尔，却看到了诺曼底防御的脆弱性。盟军军事策划人员收集了详细的航空照片并将其拼在一起，加上来自布莱奇利园的电码破译员所截获的信息，以及来自法国抵抗组织的地面情报，通过分析这些信息，他们震惊地发现，德军已经在大片土地上挖了洞，以阻止滑翔机降落。拜赐于隆梅尔的军事知识，这些洞将被木桩填满，并与地雷相连，将整个着陆区域变成一个具有爆炸性的死亡之网，一旦有一个轮子触地，就会引发爆炸。

在海滩上，德军布设了更多的地雷和铁丝网，并挖壕沟、淹洼地，以阻止飞机降落。很明

愚弄希特勒

“保镖行动”是一场精心策划的、多管齐下的欺骗行动的总称，该行动涉及武装部队的所有部门，并危及军情五处最有价值的双重间谍。

肯特战场上的充气坦克和飞机愚弄了德国侦察机，让他们以为盟军会越过英吉利海峡去加莱，并用持续的轰炸试图去削弱一个永远不会被击中的目标。与此同时，为英国情报机构秘密工作的“可信的”德国特工网络也在持续地发布着误导性信息。来自双重间谍的情报强调了在法国比斯开湾的登陆计划。直到“D日”，以及接下来的几天，希特勒和德国最高司令部的大部分人都还认为诺曼底是一个转移注意力的地方。在加莱周围的战场上大量空投假人也起到了辅助作用。装满稻草的袋子和模拟枪声的包裹使纳粹军队的许多师处于高度戒备状态，他们相信真正的登陆地点在北方。

显，“霸王行动”成功的窗口不仅正在快速关闭，而且很可能已经“砰”地关上了。天气也对盟军不利，英国皇家空军气象专家称，风暴即将到来，因此在他们的建议下，盟军的计划被迫推迟到几周以后的6月6日，到时满月将给飞行员带来最大的能见度，而且退潮将允许盟军能够在远离隆梅尔杀伤区的地方登陆。但如果他们推迟，德国的准备工作便会日益加强。

与此同时，在被占领的法国，德国气象学家也预测到了一场风暴，但他们非常有信心，风暴会更早些袭击法国海岸。因此，隆梅尔回到德国为他的妻子庆祝生日，并与希特勒会面，请求增派坦克。元首坚信“纵深防御”的原则，即将其军队中最有战斗力的部队调到更远的内陆地区来发动反击，而隆梅尔和其他一小部分人则认为，最好的行动方案是把敌人赶出海岸线。

通过在北非和意大利的战役，“沙漠之狐”知道，盟军一旦站稳脚跟，他们的胜利几乎是毫无悬念的。

高度的紧张和焦虑充斥着1944年6月5日的上午。在英国各地的机场，人们将运输机上的标记涂掉，与此同时，英国皇家海军的扫雷艇在波涛汹涌的英吉利海峡中疯狂地清理着道路。晚上10点，当101空降师的伞兵坐在格林汉

德国防御

堡垒

武器：通过战壕或混凝土隧道与许多较小的碉堡相连，拥有大量的火炮和机枪，以及步兵的射击阵地。

强度：坚固的混凝土和钢丝网，不受坦克和轻炮的影响。守军通常是狂热的党卫军而非正规的国防军士兵，他们会战斗到最后时刻。

弱点：处于能够防卫法国港口的位置，这让他们暴露在攻击之下。

碉堡

武器：最常用于机枪，但也可用于反坦克炮或迫击炮，而射击槽则是为敌军步兵准备的。

强度：被混凝土和钢铁包围，是步兵最可怕的噩梦——它不受登陆部队小型火炮和坦克火力的影响。

弱点：狭窄的空间令其容易受到火焰喷射器、炸药包和穿过射击槽的手榴弹的攻击。

雷场

武器：通常是反坦克的T型地雷和针对人的S型地雷（也被称为“弹跳贝蒂”，它们会射向空中，喷出榴弹碎片），许多地雷被固定在绊网或混凝土反坦克障碍上。

强度：除了造成巨大破坏外，来自地雷的威胁可能还会使前进变得缓慢，并令进攻者士气低落。

弱点：流沙经常会把地雷埋得更深，导致无法爆炸。

陆军元帅格尔德·冯·伦德施泰特
德国，1875—1953

比利时和法国的国防司令，他预计盟军将从加莱登陆，并阻止装甲部队进入海岸。在很大程度上，希特勒将其视作一个名义上的领袖，其指挥结构已支离破碎。

康蒙机场的飞机旁等候时，艾森豪威尔临时来访。他的司机凯·萨默斯比回忆说：“他们看起来那么年轻，那么勇敢。我站在车旁，看着将军走在他们中间……他从一组走到另一组，和尽可能多的人握手。他在与每个人握手时都说了几句祝其成功的话。”“他后来坦言，‘当你因正在送一个士兵去送死而感到害怕时，很难直视他的眼睛。’”

当艾森豪威尔从一条跑道冲到另一条跑道时，艾伦·布鲁克爵士在日记中描述了自己的恐惧：“这很可能是整个战争中最可怕的灾难。我向上帝祈祷，希望一切都平安过去。”

上午6点左右，来福枪在灰色的光线中发出死亡的咆哮，101空降师的战士们战斗了整整一个上午。他的战友们散落在战场上，他加入了一个临时组建的部队，几乎全是他不认识的人——每隔几分钟，灌木丛里就有沙沙声，随后传来一声声急促的低语：“闪电！”以及对此暗号的回答：“打雷！”更多的伞兵就这样加入他们的队伍。虽然指挥作战的军官不是他，他还在落水时扭伤了脚踝，但都无关紧要，重要的是他们已经确保了海滩出口的安全。这样一来，在犹他海滩登陆的军队便可专注于前方的敌人，而不是角落里的敌人。

当第8步兵团冲上犹他海滩时，这名士兵没有注意到水已经变成了沙，但他知道什么时候该停止奔跑。他肺部刺痛，呼吸沉重，蜷缩在斜坡脚下——由于机枪巢受到钳制，这里成了避难所。尸体漂浮在水里，或者面朝下躺在他身后的沙子里，在军官们大声的命令中，部队已经开始集结，检查着他们的武器，或者在沙滩上来回移动。一些人点燃了香烟，另一些人则松了口气，开着玩笑。还有其他的战斗要打。他慢慢地呼气，举起背包，开始往前走。

几个小时后，在遥远的彼岸，温斯顿·丘吉尔走向公文箱，下议院议员们发出了欢呼声。他的面容柔和下来，嘴角上浮现出一抹微笑。在远离了幕后争夺控制权的争斗、摆脱了挫折与灾难并经历了前一晚令人揪心的恐惧之后，这匹“老战马”终于回到了战场上。“我还要向众议院宣布，”他低沉地发着每个元音，“在夜间和今日凌晨，欧洲大陆一系列登陆作战中的首次作战已经展开……”

关于“D日计划”，你不知道的15件事

D的意思是什么？

它的起源如此平淡无奇——D日就是简单的“日期”（day）的意思，它和H——“小时”（hour）一起表示时间，早在“一战”时就被美军用作简报的速记。

▲ 进行诺曼底登陆的车辆数量惊人

无人机战争

德国派上遥控歌利亚迷你坦克，也就是人们所熟知的“甲虫”。它小巧、有履带并装载着烈性炸药，由控制杆操纵进入坦克和密集的步兵队伍，作用有限。

▲ 英国士兵检查三辆被俘的“甲虫”

空中的朋友

尽管澳大利亚皇家空军和新西兰皇家空军在1944年主要关注的是太平洋战争，但都为诺曼底战役提供了空中支援。

▲ 萨里郡皇家空军红山基地的澳大利亚喷火式战斗机，袭击法国北部后返回

其他盟国

“自由法国”的一个团和波兰军队在西部的一个团也参加了诺曼底战役，参加战斗的还有比利时、希腊、捷克斯洛伐克、挪威和荷兰的流亡军队。

▲ 波兰坦克团成员扫视地平线

◀ 一名身着德国军装的苏联哥萨克志愿者

另一个轴心

德国军队在诺曼底战役中也不是孤军奋战。德国国防军的第709和第243静态步兵师由苏联战俘、来自波兰和格鲁吉亚的应征士兵及志愿者组成。

▲ 1944年8月26日，在法国，坦克带领盟军通过凯旋门

“D 日”不是结束

在“D 日”之后，诺曼底战役又持续了两个月，巴黎最终在 1944 年 8 月落入盟军手中。“霸王行动”不仅限于海滩，它还是彻底解放法国的计划。

阴谋？

在诺曼底战役的准备阶段，《每日电讯报》的一系列纵横字谜的答案出现了“朱诺”、“剑”、“黄金”、“奥马哈”、“桑树（预制海港的代号）”、“海王星”和“霸王”。经军情五处调查，这可能是安全漏洞。当时人们认为这个纵横字谜是一个巧合，字谜是由一位校长编写的，他会邀请男孩们到他的书房，把单词写进格子里。据他的两位学生战后透露，在附近的军营，这些暗语是大家都知道的事，但只知地点，不知时间。

艾森豪威尔准备失败

艾森豪威尔准备了一篇演讲，如果“D 日计划”失败，他将在辞职时发表这篇演讲：“军队，空军和海军勇敢且忠于职守，做了一切他们所能尽到的努力。如果这次尝试有任何责任或过失，那都是我一个人的错。”

▲ 1943年的德怀特 · 艾森豪威尔

一个能毁掉一切的人

军情五处有一名双重间谍，他参与了“保镖行动”，并知道整件事是个诡计。1944 年 4 月 29 日，出生于德国的约翰尼 · 耶森森（代号“艺术家”）在葡萄牙被下药绑架，带至柏林，在盖世太保总部受尽折磨，随后被送往集中营（他与他折断的肋骨一起被登记在案），他就这样在那里消失了，并把“D 日计划”的秘密带到了坟墓里。

▼ “二战”早期的德国U型潜艇

希特勒的自杀式 U 型潜艇

在诺曼底战役开始时，希特勒命令 U 型潜艇的舰长们全速前往诺曼底，发射所有的鱼雷，然后将其船只撞向盟军的战列舰。但没有一艘 U 型潜艇能够靠得足够近，进而完成这一特殊的自杀式任务。

▲ 1944年，法国抵抗军的一名成员与一名美国士兵在一起

▼ 亚利克 · 基尼斯爵士，1973年摄

把犯人送去得州

从“D 日”到诺曼底战役，美军每月将 3 万名战俘送往在得克萨斯州的战俘营，那是美国境内德军战俘最集中的地方。

法国抵抗军全力以赴

在诺曼底登陆前夕，为配合德军在盟军登陆诺曼底行动，法国抵抗军发表了 3000 份书面报告和 700 份无线电报告。在登陆前一天晚上，他们发动了一次大规模的袭击，切断了电话线，炸毁了弹药库，伏击了护航队，暗杀了纳粹高级军官，并炸毁了 40 多辆德军火车。多亏了他们，德国的增援部队被挡住了。

小型潜艇带路

盟军使用两艘 X 级 4 人潜艇标记宝剑海滩和朱诺海滩的外部界线。他们于 6 月 4 日抵达，并在水下一直待到“D 日”凌晨 4 点 30 点，用带灯的桅杆引导英国船只进港。

海滩上的名人们

《麦田里的守望者》的作者、美国信号兵团的 J.D. 塞林格，在“D 日”参与作战；《星球大战》和《桂河大桥》的主演亚利克 · 基尼斯是“D 日”登陆艇上的海员；《星际迷航》的主演詹姆斯 · 杜汉是加拿大军队的一名陆军军官，也是第一批登上朱诺海滩的人；而《最长的一天》和《虎！虎！虎！》的导演约翰 · 福特则作为美国海军军官在美国军舰“普伦基特号”上目睹了部队登陆，并在海滩上拍摄了新闻短片。

▲ 美军从希金斯艇上下来

从河口到海滩

诺曼底战役使用的平底登陆艇是由新奥尔良的商人安德鲁 · 希金斯发明的，用于路易斯安那州的沼泽航行。艾森豪威尔称他为“为我们赢得战争的人”，甚至连希特勒也称其为“新诺亚”。

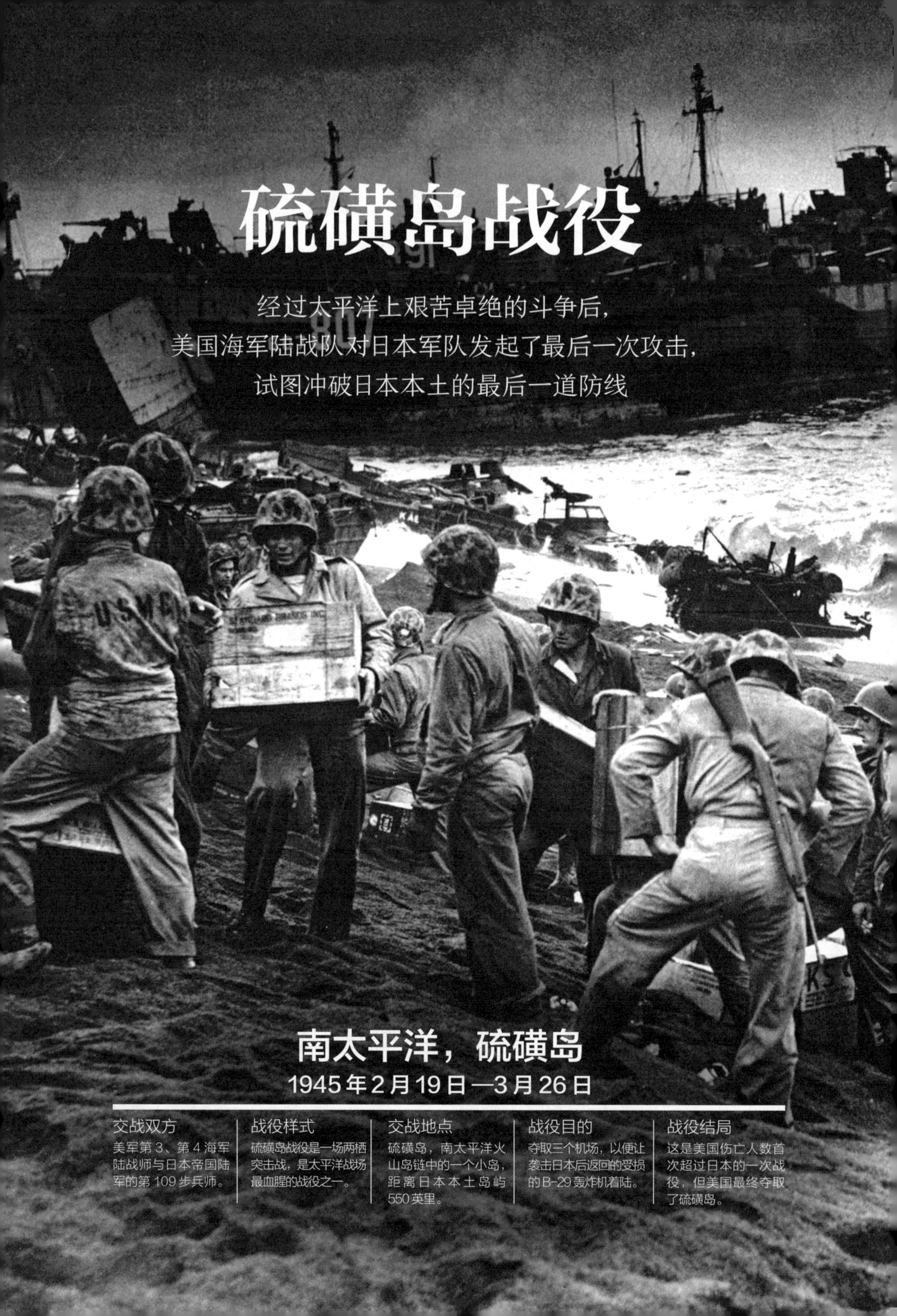

硫磺岛战役

经过太平洋上艰苦卓绝的斗争后，
美国海军陆战队对日本军队发起了最后一次攻击，
试图冲破日本本土的最后一道防线

南太平洋，硫磺岛

1945年2月19日—3月26日

交战双方

美军第3、第4海军陆战师与日本帝国陆军的第109步兵师。

战役样式

硫磺岛战役是一场两栖突击战，是太平洋战场最血腥的战役之一。

交战地点

硫磺岛，南太平洋火山岛链中的一个小岛，距离日本本土岛屿550英里。

战役目的

夺取三个机场，以便让袭击日本后返回的受损的B-29轰炸机着陆。

战役结局

这是美国伤亡人数首次超过日本的一次战役，但美国最终夺取了硫磺岛。

201

1942年6月，美国海军在中途岛战役中取得了决定性的胜利，这是自1941年12月日本在珍珠港发动战争以来，盟军在太平洋战场上取得的第一次重大胜利。随后，美军在1943年获得了重建时间作为喘息。船舶需要修理和改装，海员和地面部队需要休息，军备也需要补充。

在这段暂时平静的休整期，美国太平洋舰队司令，海军上将切斯特·W.尼米兹重新调整了对太平洋上日军的战术。他认为，与其直面进攻，不如运用“跳岛”战术。但是，日本帝国军队在某些关键岛屿上的势力已经根深蒂固，盟军很难占领这些目标。因此，尼米兹的计划是，绕过这些核心岛屿，夺取太平洋上防御工事较少的岛屿，再向日本的本岛进发。

美国在海上和空中都占据了上风，给日本军队造成了沉重的打击。不仅如此，由于日本的通信密码很容易被美国的情报人员破解，这使得盟军总能够领先一步。日本海军大将山本五十六（尼米兹的对手）正是因盟军的这一优势，于1943年4月丧生。

日军在瓜达尔卡纳尔岛失败后，山本决定去南太平洋进行视察，以鼓舞战士们的士气。当日本总司令的计划传到美国海军情报部门后，总统富兰克林·罗斯福下达命令：“消灭山本。”4月18日上午，日本指挥官的飞机被美军击落，对日本帝国海军造成了致命一击。

1944年4月，美军凭借强大的势头收复了马绍尔群岛。同年晚些时候，随着占领冲绳的计划继续迅速推进，马里亚纳群岛和加罗林群岛也落入了盟军手中。几乎可以说，这时日本本岛近在咫尺，盟军在它之前只剩下一个目标：硫磺岛。

硫磺岛位于东京以南650英里的火山岛群中，岛上有两条日本的飞机跑道（第三条跑道

▲ 美国海军第6舰队，摄于硫磺岛战役期间

美军不知道，栗林忠道的第 109 步兵师已藏身于一张由 5000 多个洞穴和一条 11 英里长的隧道所组成的防御网。

当时正在该岛的北端建造）。美军认为，这个面积只有 8 平方英里① 的小岛是进攻日本本土的战略要地。如果能够夺取，美军将把该岛用作护卫战斗机基地，以及受损的 B-29 轰炸机从日本本岛返回时的着陆区。

日军也认识到硫磺岛的重要性，并在陆军大将栗林忠道的指挥下，于 1944 年夏天开始建造大量的内陆掩体——这与日本帝国军队通常使用的海滩防御工事截然不同。美国的空中和水下侦察显示了其预期的规模，并在攻击前确定了 642 个掩体、碉堡和其他炮位。

美军密集且长达一个夏季的攻击，旨在削弱日本坚固的防御工事。接连 74 天，美国轰炸机持续轰击着这块小火山岩，在入侵前的 72 小时里，美国海军火力轰击的硝烟更是几乎将硫磺岛湮没，打破了这个南太平洋岛屿曾经田园诗般的宁静。

开始登陆

代号为“分遣队行动”的登陆作战始于 1945 年 2 月 19 日。这次袭击任务交由上将霍兰德·史密斯（外号“号叫的疯子”，远征军上岸后的统帅）率领的第 5 两栖海军陆战队完成。时间定在上午 9 点，第一批两栖装甲拖拉机在 9 点 02 分登陆，3 分钟后，第一批运兵车紧随其后完成登陆。

第 4 海军陆战师和第 5 海军陆战师（分别由少将克利夫顿·B. 凯茨和凯勒·E. 罗基率领）穿过硫磺岛西南海岸深及脚踝的火山灰，进入无人之境。登陆前的轰炸几乎炸平了该岛。然而，栗林忠道的第 109 步兵师已藏身于硫磺岛周围的一张防御网中，此网由 5000 多个洞穴和一条 11 英里长的隧道组成，待登陆部队的炮击停止，方可显现出其抵抗力量。而美国军队对此一无所知。

海滩保持着诡异的安静，美军中有人窃窃私语，他们认为日本军队已经被歼灭了，但这与此前在太平洋上的步兵战斗截然不同，在之前的战斗中，海岸线的防御都十分顽强。登陆计划要求第 5 师第 28 团在 D 日结束前占领岛上最南端、

① 1 平方英里约等于 2.59 平方千米。

▲ 一旦美国海军陆战队建立了滩头阵地，日军的抵抗就开始逐渐减弱了

554 英尺高的休眠火山——折钵山。

同样，第 4 师计划在同一天占领 1 号机场。最初的登陆风平浪静，这两个计划似乎都可以实现，然而，当先头营登上海滩尽头的平台时，栗林将军下令拿起武器。

毫无疑问，从隐蔽的日军阵地传来的持续不断的机枪射击声，削弱了美军最初进攻的势头。与此同时，大炮和迫击炮开始轰击海滩。柔软的火山土被登陆前的密集炮火所搅动，这让美军举步维艰，延缓了前进的速度。更糟的是，来自折钵山防御工事的炮弹如暴雨般倾泻到下面的部队中。

约有 3 万名士兵登陆，但进展缓慢，到晚上 6 点美国停止前进时，海军陆战队的战线仍远未达到他们的 D 日目标。尽管如此，折钵山的东北侧已被第 28 团包围。第 5 师第 27 团能够向西北海岸线推进，但伤亡惨重，而第 4 师则绕过了 1 号机场的南部边界，在东船湾附近确保了一条通向采石场的路线。

在之前的战斗中，日本的“万岁冲锋”在夜间造成了相当大的混乱，美军预料会有类似的袭击，因此在黑暗中保持警惕。但栗林将军不相信这种战术的有效性，他认为，“万岁冲锋”会造成不必要的生命损失。这使得第 13 海军陆战队第 3 营（第 28 团的炮兵支援）能够在 2 月 19 日的晚上向折钵山发射迫击炮弹和 105 毫米的榴弹炮弹，为第二天早上的登顶做准备。

夺取折钵山

D+1 日（2 月 20 日）早上 8 点 30 分，由第 28 团团长上校哈里 · B. 利弗西奇指挥，第 2 营和第 3 营开始向前推进，第 1 营留守备战。事实证明，常规的炮火对日军的阵地毫无用处，美军转而使用他们可靠的火焰喷射器和手榴弹，试图将守军从他们的藏身之处逼出来。然而，日军（得益于他们全面的隧道网络）很快就重新控制了每个被认为是安全的碉堡。这将成为美军在全岛所有战线上作战的战术，它最大程度降低了海军陆战队的进攻速度。

到下午 5 点时，只有 200 码[①]高的折钵山被占领。第二天，利弗西奇的海军陆战队在一轮 40 架飞机的空袭后再次发动攻击。3 个营在一个阵线上向前推进，在坦克和大炮的有效掩护下，第 28 团迅速行至山脚。在西侧海军的支援下，海军陆战队在 D+3 日（2 月 22 日）包围了折钵山。

1 天后，在第 2 营侦察的基础上，钱德勒·W. 约翰逊上校命令派一支 40 人的战斗巡逻队攻至山顶。在哈罗德·G. 施里尔中尉的指挥下，他们冲上山顶，在日军残部的猛烈攻击下举起了一小面美国国旗。当天晚些时候，他们将升起一面更大的旗帜，以鼓舞全岛海军陆战队的士气。

第 28 陆战团仍在折钵山上时，第 5 师的第 26 团和第 27 团已经以自杀式的速度向硫磺岛的西海岸推进，并于 2 月 20 日开始向该岛的北段进发。同时，第 4 师的第 23、第 24 和第 25 团已经占领了最南端的元山 1 号机场。第 5 师将海军陆战队的战线向前推进了约 1000 码，只有在第 4 师左翼作战的第 23 团能够以同样的速度前进。

与硫磺岛南部相比，北部的防御工事极为坚固，这要归功于栗林的手下在 1944 年夏天的努力。美国海军陆战队发现在岩石地形上很难推进。日军进行了顽强而血腥的抵抗，很快就重新占领了所有的碉堡和防御工事。美军的任何收获似乎都遭遇了来自防炮阵地和隐蔽坦克的新火力。

针锋相对

美方将领
上将霍兰德·史密斯

美国步兵
1 个两栖军团（3 个美国海军陆战师）

坦克
约 150 辆 M4A3 谢尔曼坦克（包括 8 个配备 Mark 1 凝固汽油火焰喷射器的坦克）

所改变的战争规则
在长达 36 天的登陆过程中，约 7 万人投入战斗。

日方将领
大将栗林忠道

日本步兵
1 个帝国步兵师

坦克
22 辆来自中佐西竹一男爵第 26 坦克团的坦克

所改变的战争规则
11 英里长的隧道，遍布全岛的 642 个碉堡和 5000 个洞穴以及顽强的步兵。

▲ 美国陆战队上将霍兰德·史密斯

▲ 日本陆军大将栗林忠道

为了协助第 4 师的冲锋，凯茨将军于 2 月 21 日命令第 3 师的第 21 团上岸。但是，由于日军将第 25 团困于东岸，海滩变得拥挤不堪，迫使第 3 师的救援部队代替第 23 团穿过海军陆战队防线的中心。22 日上午，前线部队开始得到增援，新加入的海军陆战队得以在短时间内收复失地。然而，栗林的人对这一新的威胁保持着警惕，牵制着即将被替换的部队。

在 D+4 日（2 月 23 日），海军陆战队的少将哈里·施密特上岸调查损毁状况，并下令于第二天早晨发动进攻。2 月 24 日黎明，坦克群在第

① 1 码约等于 0.91 米。

1945
硫磺岛

02 D+3日（2月22日），在围攻折钵山期间，美国护航航母“俾斯麦海号”在受到日本飞机一连串自杀式袭击后沉没。然而，1天后，美国海军陆战队在山顶升起了美国国旗，美联社摄影师乔·罗森塔尔用镜头记录下了这一刻。

01 尽管两栖登陆行动将于1945年2月19日在硫磺岛南部海滩展开，但早在1944年6月15日，美国就对该岛进行了第一次空袭，驻塞班的轰炸机对它展开了数百架次的进攻。

03 岛的北半部有更多的日本防御工事。防御塔为西竹一男爵的许多坦克提供了隐蔽的阵地，大大削弱了第4师的推进速度，厄斯金将军的第3师被要求在D+4日集中上岸。

04 海军陆战队身处“绞肉机”4天后，将他们的火力集中在“圆形剧场”以北的“382高地”上。舰炮、大炮和空袭帮助第24团完成了进攻，然而，尽管美军在“土耳其旋钮”上站稳了脚跟，还是不得不在3月1日天黑之前在烟幕的掩护下撤退。

05 第4师在离海只有几百码的地方发现了一个300多人的日军大本营，于是在3月12日早上7点推迟了进攻，试图诱使日本帝国军队投降。然而，发电机供电的扬声器出现了问题，狙击手瞄准了一些海军陆战队队员，这促使美军在上午9点用手榴弹和火焰喷射器进行了反击。

06 战斗几近结束，第5师第28团发现他们面对的是充满洞穴的峡谷和大约500名组织混乱的日本步兵。两名战俘被用来翻译投降书，但日军仍未投降，美军被迫逐一歼灭了栗林的残余部队。

▼ 夺取折钵山后，美国国旗在山顶升起

美国海军陆战队发现在岩石地形上很难推进。日军进行了顽强而血腥的抵抗，很快就重新占领了所有的碉堡和防御工事。

21 团的支援下冲向 2 号机场。第 5 师的坦克位于元山 2 号机场的西侧，而第 4 师的装甲部队在飞机跑道的东侧向前进发。在长达 76 分钟的海上轰炸的援助下，美国海军陆战队再次向前推进。

进入“绞肉机”

当天，格雷夫斯 · B. 厄斯金少将第 3 师余下的几个团被派往硫磺岛。这个师经验丰富，其任务是向前推进，穿过岛内中线，在 2 月 25 日正面进入栗林的主要防线，通过火焰喷射来焚化敌人。3 天的苦战终于在 2 月 27 日得到了回报。

日军防线崩溃，第 9 团发现自己正在控制着 2 号机场以北的两个高地。第二天，第 21 团猛攻元山村的日军残余部队，占领了两座可以俯瞰尚未完工的 3 号机场的高地。第 5 师在其他地方击退了日军最初的拼死抵抗之后，攻占了“362A 高地”。3 月 1 日，该师的海军陆战队伤亡达 224 人，但是，这座高地是通往硫磺岛西北边缘的西脊，对他们来说太重要了，无法绕过。

对第 4 师来说，尽管相对轻松地攻下了许多高地，但岛东边的“382 高地”却是一个更为艰难的目标。栗林的隧道星罗棋布，高地通道由隐藏的坦克把守，而峰顶则被加固成一个巨大的防炮击掩体，就像一个土耳其旋钮。

在高地南面，是一排排山脊，而在这块巨石的更南面是一个被称为“圆形剧场”的天然盆地。这里的战斗是血腥的。3 月 1 日是该师的海军陆战队向日军发起猛攻的第四天。由于残酷战斗持续不断，这段战役后来被称为“绞肉机”。直到 3 月 10 日，“土耳其旋钮”附近的日本守军才被消灭。在“382 高地”最终落入美军手中之前，美军进行了海军炮火打击、航母空袭、重型炮击，并付出了许多海军陆战队队员的生命。

在此期间，第 5 师第 26 团在 3 月 3 日成功占领了“362B 高地”，4 天后，第 3 师做好了进攻“362C 高地”的准备。在夜幕的掩护下（与美军在太平洋地区的惯常战术大相径庭），厄斯金将军的部队向毫无防备的日军发起了进攻。这对栗林将军来说是一个打击，但他的手下还是在他们持久占领的区域进行了顽强的抵抗。

不过，随着日本帝国允许来自第 3 海军陆战师的巡逻队在 3 月 9 日前到达北部海岸，日军的防守变得越来越不协调。第二天晚上，尽管地下隧道给更多步兵以藏身之所，但在该师的进攻区域只剩下最后一股抵抗力量。

3 月 8 日，日军在第 4 师所在的东区发动了反攻。在重炮的掩护下，他们袭击了海军陆战队，慢慢地穿过了第 23 和 24 团的防线。尽管许多人选择了更为隐蔽的袭击方式——试图冒充受伤的美军士兵，但有些人一边进攻一边高呼“万岁”，令人毛骨悚然！到了第二天中午，有 650 名日军被击毙，他们的努力可以说是徒劳的。最终结果是，随着海军陆战队将栗林的防御工事直接推回北部海岸，“土耳其旋钮”和“圆形剧场”的凸出部分在 3 月 10 日被彻底摧毁。

肃清北方

在“分遣队行动”剩余的时间里，每个海军

▲ 一位美国海军陆战队士兵蹲伏在一名日本军官的尸体旁

陆战师都将面对分散在硫磺岛周围的零星抵抗。第3师的任务严峻，他们需摧毁“362C 高地”西南方向的一个日军重兵防御据点（最终于3月16日完成），而第4师则将重点放在了东船湾和立岩角之间的一个日军据点。

在岛的另一边，第5师在北野角附近向日军逼近。北野角是日军在硫磺岛战役的最后一个防御点。3月11日，在第3师第21团两个营的配合下，海军陆战队进行了最后一轮海上轰炸和空袭。然而，美国大炮再次收效甚微，这使得最初的进展十分艰难。

自2月19日初次登陆以来，第5师尽管连遭重创，但在3月14—15日突破了1000码，许多日军落入海军陆战队的火焰喷射坦克之手，被活活烧死。第二天，第21团从右边包抄了日军，为美军提供了两条歼灭剩余日军的进攻战线。

3月25日，有组织的日军抵抗宣告结束。然而，栗林的手下还留了一手。当天晚上，栗林在元山附近聚集了大约300人。他们在1945年3月26日早晨袭击美国营地，杀死了熟睡的海军陆战队队员，直到破晓时分，美军形成防御线，把剩下的日军赶进了掩体。36天后，硫磺岛战役变成了一场追捕行动，至少有223名日本士兵被追杀。有传言称，栗林将军也在被追杀之列，从而结束了一场有7万多名海军陆战队队员参与的血腥冲突。

在岛上的20060名日军士兵中，只有216人被俘，剩下大约300人躲在地道里，等待战争的结束。美国方面，有5931名海军陆战队人员阵亡，另有17372人受伤——这是太平洋战场上美军伤亡人数唯一超过日军的战役。为夺取硫磺岛，霍兰德·史密斯将军“将人肉投掷于钢筋混凝土之中”。不过，在随后的对日本本岛空战中，超过2200架重型轰炸机在该岛的飞机跑道上进行了不定期的降落，24761名美国飞行员在这一过程中避免了遭受潜在的危险。

对美国人来说，硫磺岛战役残酷但挫败了敌人的士气，其结果是鼓舞人心的。太平洋战争胜利在望。

▼ 美国两栖运输车陷在硫磺岛海滩被搅起的沙堆中

终局：第三帝国的灭亡

德国和苏联之间的柏林会战是历史上最血腥的对决之一，所造成的冲击波回荡了数十年……

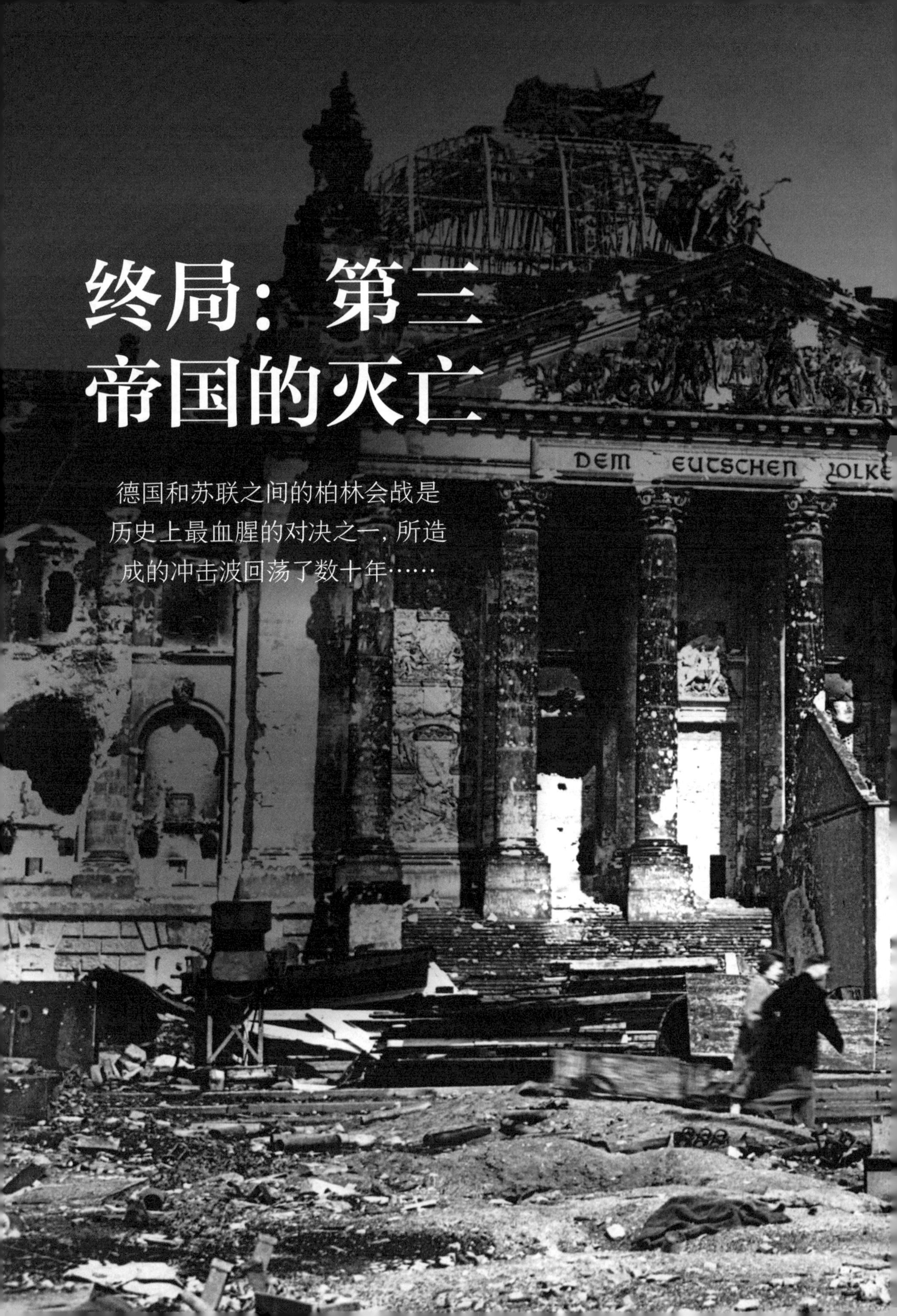

▼ 停火后不久的国会大厦。争夺其控制权的斗争是一场巨大的殊死搏斗

▲ 希特勒充满感染力的演讲因其戏剧化的布景而更加引人入胜。他的追随者们经常狂喜地回应

1941 年 10 月，在纳粹德国国防军入侵苏联 4 个月后，阿道夫·希特勒站在柏林体育宫挤满观众的礼堂前，观众约有 1.4 万名。这是全市最大的会议厅，辅以纳粹“卐”字旗装饰。一只引人注目的、明亮的、20 米宽的“金鹰”将会议厅进一步“纳粹化”。它盘旋在元首上方，看上去威严而圣洁。这是希特勒的“圣殿”，在此，他发表了以下演讲：

“今天，我可以说，敌人已经被击溃，并永远不会再崛起！他们力量已经集结起来去对抗欧洲。我们避免了这种危险，这要归功于德国士兵的英勇、忍耐和牺牲！”他对事件戏剧化的描述赢得了狂热的掌声。只是，他的敌人远未被击垮。

到 1945 年 5 月，原本回荡在这里的“Sieg Heils”[①]，已经被苏联步兵的叫喊声所取代，他们冲进希特勒的“圣殿”，站在他曾经“布道”的讲台上。他们一边高喊着“乌拉！”，一边追捕着楼内最后一批希特勒的信徒。

对于苏军士兵来说，这个讲台甚至比国会大厦更具纳粹权力的象征。占领它不仅意味着战争的结束，也意味着民族社会主义的消亡。民族社会主义造成了 2700 万苏联公民惨遭屠杀。然而，对于苏联领导人约瑟夫·斯大林来说，真正的收获是占领了享有盛誉的德国首都本身。

在 1945 年年初，苏联人占领柏林并在欧洲结束战争的想法，已具有明显的可行性。苏军一月攻势的成功，使其在短短 20 天内突破了 500 千米的德占区。2 月 5 日，苏军开始横渡奥得河——进入柏林前的最后一个天然屏障。然而，苏军一到河对岸就停了下来，此处距希特勒首府仅 60 千米。

① 德语，胜利的意思，是德国法西斯分子见面时的招呼用语。

苏联的进攻是如此迅速，战斗是如此激烈，然而，胜利也让苏军的弹药和燃料都面临短缺。在准备最后一战之前，他们需要两个多月的时间来进行补给和增援。

大规模进攻的暂停也给了纳粹重新整合的时间。纳粹后备军是由剩下的部队拼凑而成的，任何一个平民都可以被强征入伍。受伤的士兵在医院的病床上接到命令重返战场，部队文员也被下令前往战斗单位，而新成立的人民冲锋队民兵组织招募的人里还有 60 岁的男子和 13 岁的男孩。拒绝的人都会被处决。

最终，纳粹最高统帅部总算成功地集结了约 76 万人的部队。许多人被派往加入处于柏林东部泽洛高地（Seelow Heights）的第 9 军，在那里帮助建立复杂的防御工事。在他们劳作的前方平原上，苏联集结了一支 250 万人的队伍，有 6000 多辆坦克和 4 万门大炮。时钟嘀嗒作响，这将是历史上最血腥的对决之一。当柏林沦陷时，将有十万人丧生。

英国首相温斯顿·丘吉尔也想利用这次短暂的停歇。他认为，这是西方抢夺主动权和占领柏林的良机。至 3 月底，西方盟友已越过莱茵河，且仅距市区 100 千米。丘吉尔在 4 月 1 日警告美国总统富兰克林·罗斯福：“如果苏联人占领柏林，将来难道不会出现严重而可怕的困难吗？”

正如后来发生的那样，丘吉尔非常关注未来，以及战后欧洲地图的样子。他敦促美国人占领这座城市。然而，在德怀特·D. 艾森豪威尔将军领导下的美国最高统帅部并不热衷于此。那年冬天，希特勒在西部发动最后的反攻时，艾森豪威尔领导的部队在坦克大决战期间遭到重创，这令丘吉尔十分警惕。当艾森豪威尔问道：“如果

▼ 对柏林的最后进攻以约9000门苏联大炮轰击泽洛高地而告终

希特勒的最后一道防线

▲ 新征的人民冲锋队成员和他们的武器

关键人物

当柏林沦陷时，将有数千人丧生，许多人相信他们的事业是崇高的。以下是他们追随的人

乔治·朱可夫

苏联

1896—1974

苏联的主要指挥官。他将德国人赶出莫斯科，在斯大林格勒将其挫败，并于库尔斯克彻底击败了德国人。

朱可夫被称为“从未输过一场战斗的人”。虽然他确实占领了柏林，但他的战术造成了许多伤亡。

哥特哈德·海因里希

纳粹德国

1886—1971

被认为是国防军中最好的防御战术家，尽管苏联具有压倒性的优势，他还是设法拖延了苏联在泽洛高地的进攻。作为一名非纳粹分子，他拒绝执行希特勒更多的自杀性命令。

基础

到 1944 年年底，德国的战争武器日趋不足，兵力也几乎耗尽。希特勒下令，让所有 16—60 岁的德国男子加入人民冲锋队。正规军因战败而蒙羞，总指挥权交由元首党卫军首领海因里希·希姆莱，他在 10 月 18 日的广播中宣布“人民风暴”诞生，一名现场观众唱起了《人民拿起枪》（*Volk ans Gewehr*）。

征召

由于大多数青壮年男子已经在国防军中服役，因此，在 600 万人的人民冲锋队中，大多数是老年人——有 140 万人身体状态不佳，仅能承担防卫职责。大约 60 万人是 16—19 岁的希特勒青年团团员，一些志愿者只有 10 岁。甚至纳粹妇女联盟的妇女也被征召以提供后方支援。1945 年 3 月 23 日，妇女们获发了枪支。在柏林的 4.1 万名守卫者中，有 2.4 万人是人民冲锋队成员，其中的 1.8 万名是“克劳塞维茨征兵”（Clausewitz Levy）的一部分，由重要的战争工作者动员而来。

训练

人民冲锋队的新兵们需要接受 48 小时的训练课程，包括步枪、“铁拳”（反坦克榴弹）和“坦克杀手”（反坦克火箭筒）这些反坦克武器以及手榴弹的使用。如果情况允许，他们还会接受手枪、冲锋枪和地雷使用的训练。

装备

被派去执行守卫任务的部队只能使用猎枪，或使用从敌人手中夺来的武器，即使是作战部队也很难获得补给，部分人即使为了自卫也只能得到一把战壕铲。在柏林，补给非常稀缺，部队只能得到意大利或丹麦的步枪，每支也仅有两三发子弹。只有“铁拳”看起来很充足。

制服

1944 年 12 月 1 日发布的命令要求新兵自己准备军服，结果造成准军事部队制服的混杂：有希特勒青年团制服、警察制服，还有“一战”时的旧制服。甚至还有许多人不得不用被俘英国士兵或平民的衣服来充当制服。除了领子上人民冲锋队的军衔星徽和左上袖子上人民冲锋队的黑色臂章外，所有徽章都必须拿掉。缺乏统一的制服导致许多人被苏军游击队当即处决。

领导

人民冲锋队的指挥权通常掌握在希特勒青年团的高级成员、民警和非战斗准军事团体（例如，汽车协会 NSKK、飞行俱乐部 NSFK 和主管军事工程和劳工的托特组织[①]）手中。柏林区的人民冲锋队是由宣传部部长约瑟夫·戈培尔直接指挥的，他同时也是纳粹党地方支部的负责人。

效用

尽管许多人民冲锋队队员都如人们所期待的那样滑稽可笑——其中有些人是养老金领受者和没有服役经验的思想家，但有些人（如在城市东郊战斗的“西门子街营”3/115）一直坚持作战到投降。希特勒青年团——代表了只知道民族社会主义的那一代人——他们战斗热情之高，甚至令久经沙场的士兵们都感到恐惧。一篇苏联报道称，一支由 400 名希特勒青年团团员组成的纵队沿着科隆大街朝敌人走去，仿佛是在游行。目瞪口呆的第 5 突击队在开火前稍作停顿。配备“铁拳”的希特勒青年团“猎坦克部队”威吓了苏联穿过威尔默斯多夫区的进军，与此同时，在从鲁尔本地铁发起的反击中，1000 人的德国军队得到了 2000 名希特勒青年团团员的增援——许多人手无寸铁，实际却阻退了 55 警卫坦克旅的前进。

4 月 23 日，为了一支从未到达的救援部队，完全由希特勒青年团组成的人民冲锋队营，试图控制横跨哈维尔河的皮切尔斯多夫桥，而这支救援队只是德国病态独裁者在地堡里怒不可遏时指挥的众多队伍之一。5000 名身穿成人制服、头戴超大头盔的男孩们，与前进中的苏军奋战 5 天，伤亡 4500 人。

① 托特组织：纳粹德国半军事性政府机构。1938 年设立，由纳粹德国工程师、高级官员弗里兹·托特倡导并担任首领，故名。主要负责纳粹德国战争机器的劳动力和各项工程建设的运作。

伊万·高尼夫科涅夫

苏联

1897—1973

作为乌克兰第 1 方面军的指挥官，科涅夫深受斯大林的鼓舞，斯大林欣赏他的冷酷无情——将朱可夫“推进”到柏林。他的部队从南方发起进攻，也是第一批与正在前进的美军会合的部队。

黑尔姆特·魏德林

纳粹德国

1891—1955

4 月 22 日，希特勒下令处决魏德林。但第二天，他被任命为柏林防卫军司令。在得知自己晋升的消息后，魏德林说：“我宁愿被枪毙。”

1 朱可夫发动泽洛高地进攻

4月16日，凌晨3点

朱可夫元帅经过两个多月的紧张准备，率领白俄罗斯第1方面军向德国在泽洛高地防御严密的阵地发起进攻。3天激烈的战斗过后，苏军实现了目标。事实证明，这是德国为了其不可避免的失败而组织抵抗的最后一个重要阵地。

2 朱可夫到达柏林郊区

4月20日，晚上8点

在从泽洛全速前进60千米到柏林东部边缘后，朱可夫的白俄罗斯第1方面军以炮击宣布抵达，炮击持续了两周，直至这座城市沦陷。

3 哈尔伯战役

4月24日，上午10点

第9军从科涅夫元帅的乌克兰第1方面军手中逃脱，被党卫军误认为是苏联纵队，从而遭到钳制。这一耽搁使科涅夫得以将其包抄。在接下来的几天里，第9军全军覆没。

4 柏林被包围

4月24日，下午6点

科涅夫元帅的乌克兰第1方面军的前锋部队与朱可夫的白俄罗斯第一阵线的士兵，在柏林以西会合。随着罗科索夫斯基元帅的白俄罗斯第2方面军从北部向柏林推进，柏林被彻底包围了。

5 苏美军队会合

4月25日，下午4点

在柏林西南135千米的易北河畔的托尔高，科涅夫率领乌克兰第1方面军的士兵们与美军第69步兵师会合。

6 希特勒的地堡遭到炮击

4月27日，上午10点

施莱辛格大街上的苏联炮兵奉命向国会大厦开火，他们无视柏林已被大火吞噬，只管服从。在袭击了自己的军队后，他们将目标移至帝国总理府——希特勒地堡所在地。

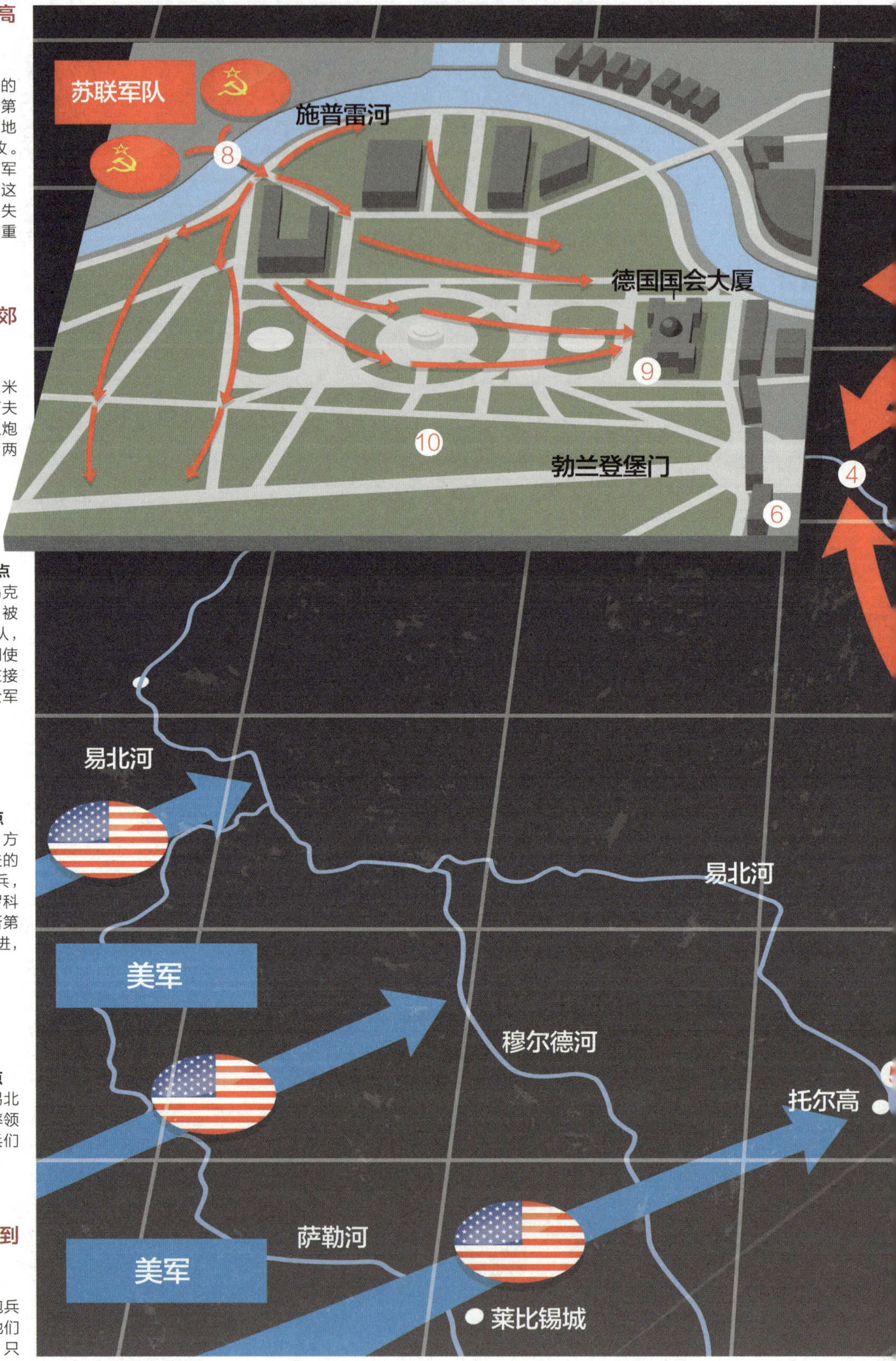

7 占领坦佩尔霍夫机场

4月28日，上午11点

随着柏林南部郊区的大部分地区落入苏联手中，坦佩尔霍夫机场也被占领。由于柏林已被完全包围，希特勒最后的退路也被堵死。希特勒意识到，自己的命运不是死亡就是在柏林被俘。

8 攻占莫尔特克桥

4月28日，下午5点

这座桥是最后一个完整跨越施普雷河、通往柏林市中心的大门。大约5000名德国士兵在桥的两端设置了路障，并装上电线以便爆破。苏军在黄昏时分攻击并占领了该桥。

9 占领国会大厦

4月30日，晚10点40分

遵照斯大林的命令，苏军经过两天的战斗，终于在“五一”节前将苏联国旗插到了德国国会大厦的屋顶上。至5月1日，德国国会大厦已入苏联之手，希特勒自杀的消息加速了德国的投降。

10 肃清克罗尔歌剧院

4月30日，上午11点30分

在克罗尔歌剧院，距德国国会大厦仅800米的地方，苏联步兵遭到党卫军顽固派从后方展开的攻击。经过几个小时激烈的肉搏战，这幢建筑被苏军占领。

袭击柏林，会造成多少伤亡？”时，他的一位将军告诉他：“10万人。”这真是不可思议的数字。如果真的发生了，这将占到美国在整场战争中全部伤亡人数的五分之一。艾森豪威尔反而听从了斯大林的话。斯大林告诉他，柏林在战略上并不重要，他最好集中于努力阻止纳粹在南方的重新集结。这是艾森豪威尔很乐于接受的建议。

然而，斯大林和丘吉尔都未能坦诚相见。在2月的雅尔塔会议上已经达成共识，即当纳粹政权垮台时，苏英将分区占领柏林。那么，为什么丘吉尔还如此看重谁先占领这座城市呢？同样，如果柏林在战略上不重要，斯大林又为何如此渴望苏联单枪匹马且承受如此巨大的人员伤亡来占领它呢？毕竟，在“D日”前，他花了大量的时间痛斥他的盟友，指责他们在苏联血流成河的时候没有予以足够的兵力支持。现在是他们在这场共同的反法西斯战争中，弥补这一损失的时候了吧？因为此时，现成的钳形攻势，将拯救一方于独自包围城市。这些问题的答案在于，丘吉尔和斯大林之间似乎正在布一盘巨大的棋局。

4月初，丘吉尔下令起草了“不可思议行动”计划。1998年解密的文件显示，在欧洲敌对行动结束前的1个月，丘吉尔正在策划一场针对苏联的战争。在他的秘密计划中，英美两国的47个师将在1945年7月1日突袭苏联。此外，这一攻势将得到10个德国师的支持。其目的不仅仅是将苏联人赶出东欧，而是要入侵苏联本身。根据官方文件指出，要占领“苏联大都市的广大地区，致使那个国家不再具有作战能力”。

斯大林知道丘吉尔在做什么吗？几乎可以确定，他知道。1945年，苏联人已经成功地渗透进英国的情报系统，双重特工如金·菲比和盖

▲ 没有人埋葬死者，尸体堆满了街道。仅在该市就有大约40万人在战斗中丧生

伊·伯吉斯，多年来一直在向克里姆林宫提供情报。这也解释了为什么斯大林渴望其部队涌入柏林及周边地区。正如卡尔·马克思曾经指出的那样：控制了柏林，就控制了整个欧洲。

任何人处在约瑟夫·斯大林的位置，都会想在边界和新划定的战线之间圈定大片地盘。无论真相如何，毫无疑问的是，罗斯福在4月12日的突然离世促使斯大林发起了最后的进攻。在罗斯福时代，斯大林有一个可以信任的盟友。然而罗斯福的继任者哈里·杜鲁门并没有提供类似的保证，与其坐等那些潜在的敌人在背后捅刀子，不如果断采取行动。4天后，柏林战役打响了。

4月16日凌晨，苏联宣传官员通过扩音器用德语宣布，他们即将对泽洛高地发动进攻。这条穿越无人区的信息是为了恐吓在那里等待的德国人，迫使他们举起双手。但是，对于那些战壕和防空壕里的德国部队来说，投降是不可能的。那些用枪指着他们后背的党卫军确保了这一点。

此后不久，凌晨3点，9000门大炮向德军防线发射了50万枚炮弹。轰炸持续了35分钟，结束时一片寂静，令人毛骨悚然。随后，3000辆坦克隆隆作响，连同成千上万做好战斗准备的苏联步兵一起开向德军阵地，地面震动起来。

苏军预计在几小时之内占领泽洛高地，但德军指挥官哥特哈德·海因里希将军已经做好了充分的准备。由于预料到了炮击，他在敌人轰炸期间撤回了部队，因此伤亡人数很少。现在，他们又迅速返回阵地。进攻前，他还命令工程师在奥得河上炸开一座大坝，在反坦克炮火轰击苏军的同时，湮没他们奋力穿越的地带。苏联指挥官乔治·朱可夫元帅犯了一个严重的错误。为了使德国守军因强光而产生目眩，他用143支高能探照灯照亮了士兵的前进路线。然而，他的轰炸造成一堵巨大的烟雾墙，他们的光束无法穿透烟雾，反而被反射回来，造成己方士兵失明，且在强光下形成了剪影。对于德军来说，不可能有比这更好瞄准的目标了。黎明时分，苏军已停止前进。

朱可夫用了3天时间，直至他的劲敌伊万·科涅夫元帅开始从南部向德国发起进攻，才将海因里希的守军逐出。泽洛的防守阵地于4月

投降与和平

在引发了历史上最具毁灭性的战争之后，德国最终与盟国签署了和平协议

尽管魏德林于5月2日向苏联投降，从而有效地结束了双方的敌对状态，但德国直到6天后，即1945年5月8日，才在柏林—卡尔斯霍斯特（Karlshorst）的苏联军事管理局举行的仪式上正式投降。

这实际上是德国当局签署的第二份投降书。前一天，第一份投降书在位于法国的西方盟国总部签订。但苏联拒绝接受，他们认为，投降应该在德国政府所在地进行。然而，两份文件的条款都是一样的——尽管德国可能会得到比1918年更好的对待，但投降都是无条件的。

早些时候，包括希姆莱在内的许多德国领导人曾多次试图向西方盟国提出有条件的投降。但条件总是一样的，即允许该政权继续与苏联作战。值得称赞的是，艾森豪威尔拒绝接受任何一次有条件投降。与罗斯福一样，艾森豪威尔坚持要求德国向包括苏联在内的所有盟国无条件投降，以便最终结束这场蹂躏欧洲长达6年的战争。

▲ 人民冲锋队的民兵大多由老人和男学生组成，他们训练仓促，装备简陋。伤亡率反映了这一点

正如卡尔·马克思曾经指出的：控制了柏林，就控制了整个欧洲。

19日陷落。约1.2万名守军士兵被杀，其余的人都逃走了。苏联付出了两倍于此的代价，外加近750辆坦克，但现在，他们与柏林之间已无任何阻隔。

朱可夫的白俄罗斯第1方面军从东部向柏林进发，4月20日已达柏林郊区。朱可夫向这座城市发起猛烈的炮火，以此来记录希特勒最后的生日。此时，元首已经精神错乱，神志不清，蜷缩在他的元首地堡里，睁大了眼睛咆哮着，喊着德国人是如何背叛了他。他尖叫道，如果他要是死了，他们将与他同死。希特勒知道，战争失败了，但他将让柏林300万居民吃尽苦头。第二天，朱可夫的地面部队开始进攻。

与此同时，科涅夫的乌克兰第1方面军在南部也进展迅速。他们在这个已被打开大门的国家长驱直入，追赶德军第9军的余部。此时，这些在泽洛高地英勇作战的德军正在被慢慢包围。他们逃往柏林，因为那里的前线仍有一个缺口，但是，4月24日，

◀ 随着围攻的继续，街上的战斗变得更加激烈，柏林曾经美丽的城市街道被火焰和炮火摧毁

▲ 苏联军队在国会大厦的墙上做标记，以证明他们“到此一游”过。他们的一些涂鸦至今仍然可见

他们被迫在哈尔伯镇停了下来。不过，阻止他们的不是苏联人，而是在那里坚守阵地的德国党卫军。

党卫军误以为逼近的德国人是苏联纵队，于是向他们开火。第9军的士兵急忙寻找掩体，当党卫军意识到自己的错误时，科涅夫的部队正蜂拥而至包围了他们，并攻击了党卫军的防御工事。第9军部队被困于双方之间。6天后，战事缓和，6万名德国人死亡，其中一些人死于他们本应保护的战友手中。

乌克兰第1方面军的余部向前疾驰而来，毫不留情地向柏林开去。夜幕降临时，已经与朱可夫在柏林西部的军队取得了联系。白俄罗斯第2方面军从北部包抄，至此，柏林被完全包围了。

希特勒企图反攻。他命令德国第12军与美军在西部对峙，击破苏军防线，并与四面楚歌的第9军会合，向北进军柏林。这是一场没有成功机会的疯狂赌博。第12军在离城32千米处停下来，很快就被压倒性的火力击退。苏军收紧了包围圈。空气中弥漫着燃烧着的建筑物和腐烂尸体的臭气，街道上满是扭曲的尸体，地下室和地铁里堆满了未经治疗的伤员。食物耗尽，饮用水供应量减少。至此，那些佩戴纳粹党徽、“死亡之头”或党卫军闪电徽章的人，他们脸上的体面面具已经脱落。当他们在城市里游荡，成群结队地杀害任何他们认为懦弱或失败的人时，面具下怪物的残暴面孔便显露出来。老人和孩子们的尸体在城市烧焦的灯柱和树上吱吱作响。

最后一战，已经准备就绪。希特勒把保卫纳粹首都这一不可能完成的任务交给了赫尔穆特·魏德林将军，他在市中心周围建立了一个防御工事。其8.5万人的兵力，几乎是由最后的男人（和男孩）组成，他们将面临来自50万苏军的猛攻。

4月26日凌晨，最后的战斗开始了。当苏联的装甲部队隆隆地穿过街道，大炮和飞机从上空发起雨点般的进攻时，街道在颤动和崩裂。每条街道都有步兵在战斗，大部分战斗是逐家逐户的肉搏战。

到4月28日，坦佩尔霍夫机场已落入苏军手中。德军的防线正在迅速崩溃。第二天晚上，苏军占领了施普雷河上的莫尔特克桥，获得直接进入纳粹心脏的通道。他们在几小时内就占领了盖世太保总部。这时，仅距国会大厦1千米，距离希特勒的地堡也不过700米。残酷的结局已不可避免。

魏德林于4月30日上午向希特勒报告了这一消息，并告诉他，他的驻军弹药只够维持24小时。他请求元首允许他尝试突围，逃脱是没有希望的。希特勒拒绝了魏德林的请求，并在当天下午晚些时候，把自己的脑袋打爆了。这一消息是否会说服保卫国会的纳粹顽固分子投降，尚未可知。不过，毋庸置疑的是，在苏军攻占楼顶的这一路上，他们消灭的许多人并不都是德国人。在燃烧的走廊上，在烟雾缭绕的办公室里，甚至在大礼堂里，都回响着法国、挪威、丹麦、荷兰和拉脱维亚人的声音，他们是党卫军外国军团的成员，在德国首都为其扭曲的意识形态而战死。当晚10点40分，纳粹党徽已从国会大厦的屋顶上被取下，取而代之的是苏联共产主义的红旗。

关键人物

151

167

160

1933—1945

丘吉尔

温斯顿·丘吉尔如同一座灯塔，
在第二次世界大战最黑暗的 5 年中矗立着。
他是如何掌握对付轴心国敌人的技能的？

在 1940 年狂风大作的夏天，英国首相温斯顿·丘吉尔凝视着遥远的欧洲大陆海岸，在那里，纳粹战争机器摧毁了欧洲伟大的民主国家。他说道："够了。"英国遭到连续猛击，受到重创，被拉至崩溃边缘。这个国家从燃烧着的残骸中拉出了一支蒙羞的败军，与纳粹德国、法西斯意大利和日本帝国组成的极权主义轴心国对立。当喷火式战斗机在英格兰南部田野交错的上空如狮子般咆哮时，作为强大而持久的自由世界反抗力量的象征，丘吉尔挺身而出。

盟军的持续战斗，切实证明了丘吉尔的领导能力——他哄骗、说服、欺负、威吓，如同一位指挥大师，演奏着鼓舞人心的舆论交响乐。即使是在法国沦陷时（1940 年 6 月）惊慌失措、开始考虑投降的英国当权派，也需要振作起来，掸掉灰尘，重新投入战斗。事实证明，丘吉尔是这项工作最完美的人选。这位前首相被公认为是 20 世纪最具影响力的世界领袖之一。他在 1940—1945 年做出的每一个重大决定都早已在漫长、卓越而又大起大落的职业生涯中埋下伏笔，对英国政府各部、下议院后座议员、军官的责任以及国家新闻界的历史都产生了影响。

英国的这位"二战"领袖出生于 1874 年，他的父亲是伦道夫·丘吉尔勋爵，是一位具有传奇色彩的议会议员，凭借自身能力成为印度事务大臣、财政大臣和下议院领袖，那时，温斯顿·丘吉尔 12 岁。他们的关系很疏远，据温斯顿晚年回忆，父子间几乎不说话。但他们却有许多相同的品质。两人都以妙语连珠而著称，伦道夫儿时的好友罗斯伯里勋爵曾这样评价他："他的机智、讽刺、鲜明的个性、精心设计的反讽和有效的表达，使他的演讲大受欢迎。"他们还都有着剧烈的情绪波动、良好的职业道德和对酒精的嗜好。伦道夫勋爵于 1895 年去世，享年 45 岁。当年他 21 岁的儿子深感恐惧，担心自己也会英年早逝，这增强了温斯顿的雄心壮志并久负

▲ 图为温斯顿·丘吉尔与其儿子伦道夫（1911—1968）和孙子小温斯顿（1940—2010）

温斯顿·伦纳德·斯宾塞·丘吉尔

保守党，1874—1965

简介

出身贵族的丘吉尔出生在布伦海姆宫的祖宅，最初作为一名军官、作家和政治家而声名鹊起。“一战”期间，丘吉尔任首位海军大臣，但在加里波利的战术失败使他被放逐到政治圈的边缘，直至“二战”爆发，他才成为英国最具标志性的战时领袖。

▲ 丘吉尔在1945年大选期间发表了最后一次演讲

“匆忙的年轻人”的盛名。

在温斯顿一生最初的 6 年里，有 4 年是在都柏林度过的。他的祖父约翰·斯宾塞·丘吉尔是爱尔兰郡治安长官，实际上，是当时英国统治爱尔兰的君主代表。看着军队在窗外行进，这个未来的“英国斗牛犬”初次发现自己被军队所吸引。温斯顿的父亲伦道夫是一位爱尔兰民族主义的强烈反对者，他提出了一个深受北爱尔兰新教联合主义者钟爱的口号：“阿尔斯特①将战斗，阿尔斯特是对的。”1914 年，当英国试图在“一战”前安抚民族主义者时，丘吉尔则以他海军部第一大臣的身份，大张旗鼓地支持《地方自治法案》。他命令一个战列中队前往贝尔法斯特，以威胁正在受动员的新教准军事组织——阿尔斯特志愿军。

可以说，这是丘吉尔拒绝妥协的形象第一次被展现在大众面前——当然，这在“二战”期间将是一个巨大的优点。政府选择了谈判，撤回丘吉尔的命令，并在同一年，开始了一场导致爱尔兰分裂的对话。这种妥协令丘吉尔深恶痛绝，也就不难理解他在未来的种种行为——严厉批评 1937 年对纳粹德国的绥靖政策，残忍回应 1926 年的大罢工，会把声名狼藉的“黑棕部队②”派往爱尔兰，以及对“圣雄”甘地领导的印度独立运动进行寻衅性的否认。丘吉尔在回忆录中概述了自己的立场，他写道：“我总是竭力主张作战和争论，直到取得压倒性的胜利，然后向被征服的人伸出友谊之手……我认为我们应该征服爱尔兰人，然后再让他们自治，在粉碎总罢工后，我们还是应该满足矿工的要求。”

作为名门贵族，温斯顿·丘吉尔似乎注定要从军。而且他学习成绩糟糕，从军是他仅有的可行出路之一。桑赫斯特皇家军事学院军官学员的入学考试远没有牛津和剑桥的本科生入学考试那么难，丘吉尔很快成为英国第 4 骠骑兵团的一名年轻军官，为在南非、印度和苏丹等地强制执行帝国意志而战。他利用家庭关系，在当时冲突最激烈的地区获得了职位，赚到了外快，并通过撰写新闻稿来树立自己的公众形象，以期“返回时再戴两枚勋章，铸剑为函”。

丘吉尔的战争报道尤为带有沙文主义色彩，高调地表达了他对英国在世界上的地位的观点，以及他对大英帝国的态度。他写道：“自克里米亚战争以来，英国军队从未向白人军队开过火。而现在，世界变得如此理智而平静——也如此民主——伟大的时代结束了。”“然而，幸运的是，仍有野蛮人和未开化的民族。有祖鲁人、阿富汗人，还有苏丹的德尔维希人。如果善待他们，他们中的一些人可能会得意忘形。”

这些粗鲁夸张的描述，可以归结为年轻人的无知。当丘吉尔四方驰骋时，大英帝国可能正处于其影响力和威望的鼎盛时期，但是，在他作为兰开夏郡奥尔德姆国会议员，于 1900 年首次进入下议院之后的几十年里，该帝国将膨胀到地理上的极限，并在自己的重压下吱吱作响。而丘吉尔后来提出的一系列行动和计划，将像支流一样汇入两次世界大战汹涌的汪洋中。无论是在议会绿色的席位上用雷鸣般的言辞为英国而战，还

① 阿尔斯特：爱尔兰共和国北郡之一省。
② 黑棕部队：指皇家警队后备队，是皇家爱尔兰警队部署的两支准军事部队之一，用于镇压爱尔兰共和军在爱尔兰发动的革命。

丘吉尔由衷地相信，大英帝国是一支文明的力量，它将给人们带来板球、礼仪和英语。

是在尘土飞扬的苏丹山坡上用他的骑兵军刀为英国而战，显而易见，丘吉尔将其视为一种召唤。1906 年，他曾对一名记者说：“政治几乎和战争一样刺激，也一样危险。”

作为帝国顽强的捍卫者，丘吉尔倾向于通过武力获得和维持帝国利益。从现代视角来看，丘吉尔与法西斯政权有着令人不安的共同点，他对种族主义和反犹太主义的看法不言而喻。不过，他与轴心国不同的是，后者认为，扩张纯粹是为了改善本国人民的生活，而丘吉尔由衷地相信，大英帝国是一支文明的力量，能够给那些没能出生在英国的“不幸的”人们带去火车、公务员制度、板球、礼仪和英语。

这个男人甚至还在 1927 年称赞墨索里尼，并对希特勒表示出一定的尊重。直到 1935 年，他还在想，“希特勒是将再次向世界发动战争，还是将恢复伟大日耳曼民族的荣耀与内心安宁，从而被载入史册呢？”对共产主义的仇恨，是英式帝国主义与法西斯国家的共同点，它被意大利、德国和日本的种族主义与极权主义政权付诸实践。然而，在通往战争的道路上，这个共同点变得越来越少。与之相应，丘吉尔的反红色言论也有所缓和，“斗牛犬”不仅抨击了首相尼维尔·张伯伦对希特勒的绥靖，还指责他没有寻求与约瑟夫·斯大林领导下的苏联和解——这简直是一个难以想象的大反转。

这种立场上的转变，最终让丘吉尔成为英国至暗时刻的掌舵人，这完全基于政治现实，与政治意识形态无关。他早期对苏联支持印度和爱尔兰反英的担忧，被看到意大利在地中海、日本在亚洲的野心以及德国海军实力的增长时所产生的担忧取代。这种对大英帝国的狂热捍卫，是丘吉尔的成长经历与毕生奋斗的结果，这将形成他在“二战”中的战略，并将他从旧秩序独裁主义者的化身转变为自由的捍卫者。

“二战”结束后，丘吉尔在柏林下飞机

以其他战场为代价，在北非、中东和意大利作战的决定——这令美国和苏联都感到愤怒——主要是为了保护苏伊士运河，这是英国的重要动脉，从印度到英国的贵重原材料都要通过它来进行运输。此外，还为了保护伊拉克和波斯的油田。丘吉尔的顽固、好斗和对威胁下谈判的拒绝，支持着盟军在黑暗的日子里持续战斗。

丘吉尔和他的参谋长们在唐宁街10号的花园里

丘吉尔视察英国坦克

丘吉尔在唐宁街10号内阁会议室的座位上

学生时代的丘吉尔也许是一个差生，但他却一口气读完了阿尔弗雷德·塞耶·马汉的《海权对历史的影响》，并在1898年告诉他的母亲，“制海权就是一切”。正是出于这样一种绝对的认识，当丘吉尔于1911年被任命为海军大臣时，他发起了在当时、以及或许在其职业生涯中最激进的一场运动，这场运动最能说明他终将成为怎样的首相。由于担心德国日渐增强的海军实力，他潜心研究海军的知识和战术。

吸引他的不仅是机械和冲突的规则，还包括组织，他成立了一个新的海军作战参谋部，以便与政府的陆军部进行更全面的战略协调，这让那些重视独立的海军军务大臣感到惊慌——但他们的意见并不重要，因为在任职的第一年结束时，丘吉尔已经用更顺从于自己的人取代了其中的四分之三。丘吉尔推出了一个新的超无畏战舰系列——当时有史以来建造的最大的战舰。然后，他开始探索潜艇的潜力和如何在舰艇上发射飞机，并将舰队的动力由燃煤转为燃油，从而提高舰队的速度，减少了其经常暴露位置的浓烟。他还利用海军研究基金，支持研发另一个前景广阔的新的奇妙装置——坦克。丘吉尔认为坦克

他大胆的战略往往不切实际，会激怒“二战”中的指挥官。

是“陆地船”，因此也属于他的职权范围。

然而，最困扰丘吉尔的是空中力量，他在1933年警告议会：“在当前的世界形势下，没有足够的空军是对国家自由和独立基础的妥协。”因此，丘吉尔想要证明自己是英国空军的天才领袖，也就不足为奇了。他一生所表现出的对新技术和战术的渴望，使他致力于赞助那些著名的战时杰作，如布莱奇利园密码破译者和作战突击队。

丘吉尔对海军军务大臣们的清理以及把海军纳入更核心决策程序的工作，为成立战时内阁做了铺垫。丘吉尔在“二战”期间担任要职——首相、国防部部长，并与战区指挥官进行私下接触和不定期的微管理。

这一点，连同他大胆而往往不切实际的战略，会像在前一场战争中那样，经常激怒他的“二战”指挥官们。时任海军动员部助理主任的奥斯蒙德·德·波伏伊尔·布洛克上尉在谈到丘吉尔1911年的任命时说：“我不想品评他的所有计划都是否合理，但我笃定的是，那些按照这种方式实行的行动带有极度匆忙和缺乏思考的痕迹。”

1945年，美国总统哈里·杜鲁门与温斯顿·丘吉尔握手

也许是受到曾经的骑兵军官经历的影响，丘吉尔喜欢大胆、博人眼球的行动，这些行动将决定性地扭转战局。4年后的1915年，他在马鞍上被打得鼻青脸肿。加里波利灾难性的登陆以令人蒙羞的失败告终，丘吉尔被不光彩地赶下了台。随后他选择在前线服役以恢复自己的声誉。“二战”期间，他对登陆法国的行动一拖再拖，相反，却专注于“外围”战役，有些是成功的，有些则同样可耻。

丘吉尔是那个在正确的时间出现的正确的人，这听起来很虚伪，但却很难想象应该用什么样的措辞去形容他不屈不挠的性格力量、紧紧抓住统治权力的意愿、时而愤世嫉俗的实用主义、强硬的外交政策以及相信大英帝国至高无上这一信念。丘吉尔的职业生涯中有太多的悲剧、失误和彻头彻尾的伪善，但他所有的过去不过是一张画布，任由他用来勾勒未来的辉煌。丘吉尔在最糟糕的时候，堪比那些他与之对抗的恶毒暴君——凶残而又狂热的、英国权力和威望的捍卫者。但是，到1940年，全世界都看到了处于最佳状态的丘吉尔。

成长历程

丘吉尔的早年生活如何塑造他后来的职业生涯

丘吉尔家族的历史可以追溯到约翰·丘吉尔——第一任马尔伯勒公爵、1701—1714 年西班牙王位继承战争的指挥官。在该战争中，他帮助英国从西班牙和纽芬兰手中夺取了直布罗陀，从法国手中夺取了加拿大的大片地区。温斯顿似乎命中注定要成为大英帝国最富激情的捍卫者。

温斯顿·丘吉尔是在祖父和父亲的影响下长大的，两人皆为职业政治家，分别供职于本杰明·迪斯雷利政府和罗伯特·塞西尔勋爵（索尔兹伯里第三代侯爵）政府。迪斯雷利是现代英国保守党的创始人。

温斯顿与父亲的关系很疏远，幼年温斯顿的成长很大程度上被托付给一位保姆，这对于有如此声望的家庭来说并不罕见，马尔伯勒家族祖传的布伦海姆宫是一座地处牛津郡、占地 7 英亩[①]、真正有着丘吉尔家族风格的豪宅，豪宅的顶部有一个著名的不列颠尼亚女神像，前面则是两名法

▲ 温斯顿·丘吉尔中尉，1895年

塑造了丘吉尔的关键时刻

1895

●服兵役
丘吉尔加入第 4 骠骑兵团，并相继在印度、苏丹和埃及服役。
1895 年

●大胆逃脱
丘吉尔在第二次布尔战争中被俘，成为名人，1 年后被选为保守党议员。
1899 年

●政党倒戈
在反对一项政府法案后，丘吉尔被保守党除名，随即加入自由党。
1904 年

●真正的权力
他成为内政大臣，派遣军队支持警方镇压矿工罢工，并提议就妇女投票权问题举行全民公投。
1910 年

●海军改革
丘吉尔被提升为海军大臣，并在海军内部进行了全面改革。
1911 年

●辞职
丘吉尔在加里波利之战后辞去内阁职务，重新参军。他于第二年重返议会。
1915 年

① 1 英亩约等于 4046.86 平方米。

国俘虏的雕像[1]。由于执拗、明显非学术型的性格，几次转学之后，13 岁的温斯顿被送到了哈罗公学，在那里，他在死记硬背的拉丁语学习中找到了自己的真正使命——参加哈罗志愿步枪队。据其他学生回忆说，至少在 19 世纪末，哈罗步枪队还不是一个特别受欢迎的团体，然而温斯顿在抵达后的几周内就加入其中，足以证明他对军事的热情。事实上，尽管学校教育让温斯顿感到不舒服，但哈罗步枪队似乎激发了他对知识的热情。1889 年，温斯顿在给父亲的信中写道："我买了一本关于训练的书，因为我打算下学期参加下士考试。"很多传统的职业都预留给了它们相应的社会阶层——法律、公务员，这些人又凭借这样的职业走上政治之路。但这些均以大学教育为前提，因此，温斯顿根本无法企及。不过，桑赫斯特皇家军事学院向温斯顿发出了召唤，在这里，温斯顿获得了履行马尔伯勒公爵传统职责（保卫帝国）的机会。

一次回家时，年轻的温斯顿偶然碰到父亲，伦道夫勋爵若有所思地查看了儿子收集的大量铅兵玩具。温斯顿在他的自传中回忆道："他花了 20 分钟，带着敏锐的目光和迷人的微笑研究现场。最后，他问我是否愿意参军。我认为指挥一支军队是件了不起的事，所以我立刻答应了，并马上践行了自己的话。"

未来影响

在丘吉尔成长的时代，大英帝国是世界主导力量，其影响广泛而深远。与其贵族教养相一致，丘吉尔从小就对自己和国家在世界上的地位充满信心，这并不足为奇。这种信心是不可动摇的，有时是毫无道理的，这将强烈影响 1940 年后他领导国家的方式。

① 女神头戴钢盔，手持盾牌和三叉戟，此雕像是为了纪念击败法军的布莱尼姆战役。

选举失败
未能在大选中保住自己的席位，丘吉尔重新回到保守党阵营，并说："任何人都可以背叛，但背叛两次需要一定的智慧。"
1922 年

荒野岁月
随着保守党政府在大选中失势，他开始疏远该党，丘吉尔的"荒野岁月"开始了。
1929 年

绥靖政策
当德国吞并奥地利，侵占捷克斯洛伐克时，尼维尔·张伯伦坚持他的绥靖政策，丘吉尔对其则强烈谴责。
1938 年

战时内阁
战争爆发后，丘吉尔任海军大臣和战时内阁成员，主张先发制人占领重要港口。
1939 年

热血、汗水和眼泪
张伯伦在挪威被入侵后辞职，丘吉尔是公认的接班人。他发表了标志性的"热血、汗水和眼泪"的演讲。
1940 年

1940

联络美国

建立特殊关系

丘吉尔一直通过他在美国出生的母亲密切地关注着美利坚合众国。他母亲珍妮·杰罗姆是纽约的社交名媛，据说也是“曼哈顿”鸡尾酒的发明者。后来，丘吉尔充分利用了与大西洋的这种联系。他的母系祖先曾在美国独立战争中与英国作战，据家族传说，他还有一些美国原住民的血统。

甚至早在1903年，他就告诉聚集在下议院的议员们：“我一直认为，与美国建立良好的关系应该是英国国策的主要目的。”丘吉尔从1937年开始创作并于“二战”后出版的著作《英语民族史》，似乎就是有意在美国和英联邦之间建立一种亲切感。1939年，丘吉尔开始以海军大臣的身份与西奥多·罗斯福总统通信（此前，罗斯福曾与丘吉尔见过一次面，他的顾问告诉他丘吉尔是个“酒鬼和啰唆鬼”），罗斯福曾下定决心让美国远离任何冲突。然而，丘吉尔确实不仅拉近了美英的关系，还为未来共同面对与日冲突铺平了道路。自1902年起，为了击败他们共同的竞争对手沙皇俄国，英国与新兴的现代化国家日本结盟，并于1905年和1911年两次续约。根据这一条约，英国在“一战”期间还将澳大利亚和新西兰的防卫权委托给了日本海军，以便解放英国船只去欧洲进行作战。1921年，帝国会议召开，部分目的是对美国和日本的集体立场进行商议，许多人认为，美国和日本正处于争夺太平洋主导权的冲突过程中。丘吉尔以殖民地事务大臣的身份出席了会议，批准终止英日同盟，以期赢得美国的好感。

日本在其他列强中所处的孤立地位，强化了其好战本性。丘吉尔在1924年写道，“它不会威胁我们至关重要的安全”。这似乎有些乐观，但削弱丘吉尔立场的是这样一种信念：除了挑衅美国，日本别无他法。丘吉尔最终是对的，但要证明这一点，却付出了许多生命的代价。

未来影响

丘吉尔努力与美国建立紧密的联系，但“二战”爆发后不久，英国就被孤立了。然而，在珍珠港遭到袭击后，罗斯福被说服采取了“德国优先”的策略，在英国把全部注意力转向日本之前，减轻压力，这是丘吉尔战前对美亲善工作的有效作用。从那以后，“特殊关系”一直主导着英美外交政策。

“二战”期间，包括罗斯福和丘吉尔在内的盟国领导人在魁北克举行会议

《华盛顿海军条约》限制了战列舰的规模

加里波利

丘吉尔是如何从灾难中恢复过来的

未来影响

丘吉尔采取果断行动（以及加强对战地指挥官的控制）的热情得到了加强。对于计划的失败，他不应该受到所有的指责。这次挫折坚定了他证明自己的决心。

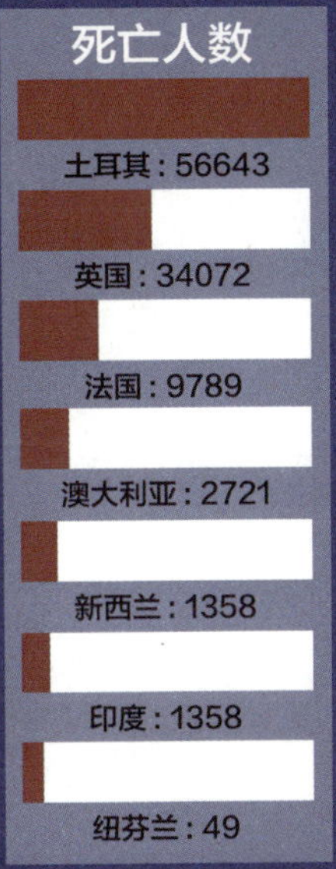

尽管英国拥有制海权，但当丘吉尔提出雄心勃勃的占领达达尼尔海峡计划时，“一战”还没有出现决定性的海战。达达尼尔海峡是穿过德国的盟友奥斯曼土耳其的两条海峡中的第一条，这两条海峡将把地中海的英法与黑海的俄国连接起来。

这一计划是让英法军舰强力冲破土耳其的封锁，然后在加里波利部署地面部队（澳新军团，包括许多澳大利亚和新西兰陆军陆战队成员）。布满地雷的海岸和出乎意料的大量炮位给进攻部队造成了伤亡，当部队登陆时，几乎没有得到海上最高指挥部的支持，最高指挥部已惊慌失措并拒绝靠近海岸。因此，早期的战绩没能继续跟进，这给了土耳其军队巩固阵地的时间，将这场被期待速战速决的战役变为一场艰苦卓绝的苦战。1915 年 4 月 25 日至 1916 年 1 月 9 日，25.2 万名盟军士兵在撤离前阵亡，一名澳大利亚战地记者打破审查制度，偷偷带出了战地指挥官汉密尔顿将军的一份谴责报告。报告指出，问题出在计划和分散的指挥系统上。丘吉尔坚持认为奥斯曼帝国会崩溃，而汉密尔顿将军行动迟缓，两个人都遭到媒体的严厉批评，被迫离开了自己的岗位。然而，其他人也应对此负有责任，或许责任更大——海军上将约翰·德·罗伯克拒绝了丘吉尔让他派舰队、提供支援的命令，而伦敦的军事策划者则削减了执行这次任务的军队数量。

1915年5月6日，加里波利，海勒斯角海滩

1933—1945

罗斯福

在大萧条最严重的时候，一位看似不可能的候选人挺身而出，帮助美国度过了最黑暗的岁月

1933 年，当富兰克林 · D. 罗斯福第一次赢得总统选举时，他将要接管的是一个陷入危机的国家。他以民主党人的身份参选，希望帮助普通的美国公民。当时全国失业率平均为 25%，在一些城市和行业则高达 50%。1300 万美国人没有工作，有些人食不果腹。更糟糕的是，这个国家陷入了可怕的财政困境。自从华尔街崩盘以来，已经有 4000 家银行永久关闭，到 1933 年，这个数字上升到 9000 家之多，存款损失达 25 亿美元。这导致数以百万计的美国人失去了他们的储蓄——如果他们去得晚，银行就根本没有钱可以取了。恐慌引发了有关信贷价值等令人不安的问题，许多人开始质疑资本主义本身。必须采取措施避免灾难。罗斯福一上任，就与国会一起宣布了为期 4 天的“银行假日”和紧急银行法案，以帮助阻止国家财富的外流。他还成功地通过振奋人心的就职演说给这个国家注入了信心，其中最具特色的一句是：“我们唯一需要害怕的就是害怕本身。”

富兰克林 · D. 罗斯福是唯一 4 次当选的美国总统，在他去世前的最后一次选举中，他获得了 48 个州中 36 个州的支持

罗斯福试图通过一系列被称为“新政”的国内计划来纠正这些问题。它关注的是所谓的“三 R”，即“救济”（Relief）、“恢复”（Recovery）和“改革”（Reform）。随着这些举措的实施，美国人民开始在新上台的民主党身上看到了希望。胡佛时期的共和党人曾说过，最糟糕的日子已经过去了，只有努力工作和坚定决心才能看到美国的希望。然而，更多较为保守的支持者觉得罗斯福的举措背叛了他们。事实上，党内许多人对他不屑一顾，认为他富有、娇生惯养、不愿合作，还从大企业拿钱给

富兰克林·罗斯福

民主党人，1882—1945

简介 作为唯一4次当选的美国总统，富兰克林·罗斯福以其革命性的“新政”帮助美国摆脱了大萧条。在珍珠港事件之后，他带领美国加入“二战”，时至今日，罗斯福仍然是美国历史上最重要的人物之一。

▲ 罗斯福的最后一张照片，摄于他去世的前一天

富兰克林 · D. 罗斯福时代的生活

以舞忘忧

“咆哮的 20 年代”的一些夜生活延续到了下一个 10 年，成群结队的年轻人涌向有摇摆乐队演奏的宴会厅和舞厅。这是一个受欢迎的分散注意力的方法，能够把人们从生活的现实中解脱出来。

服务国家的召唤

1940 年，美国历史上第一次发起了和平时期的征兵计划，其对象是 21—36 岁的男性。罗斯福曾向美国的母亲们承诺，他不会让她们的儿子参加海外战争，并以此闻名。但“二战”打破了这一承诺。

美国成为孤立主义国家

“一战”后，许多美国人赞成采取孤立主义政策。为了避免几年前目睹的流血事件再次发生，尽管轴心国大肆蹂躏欧洲，但反战情绪依然强烈。最终将美国带入“二战”的是日本偷袭珍珠港事件。

世界在变化

在两次世界大战之间的短短几年里，人们见证了科技的飞速发展。像飞机这样的机械，在世纪之交不过是一种新奇的东西，但这种局面将发生巨大的变化，进而对全球旅行、贸易和战争产生彻底的改变。

供养多人

对遭受大萧条重创的公民的援助可能来自多个方面，而不仅仅是政府。1931 年，臭名远扬的黑帮分子阿尔 · 卡彭在芝加哥开设了第一批施食处，为那些在街头绝望地寻找工作的失业者提供食物。

工人——在罗斯福的领导下，一个旨在支持运气不佳的、普通美国人的庞大联邦官僚机构正发展壮大。联系到他的童年和成长背景，他的行为确实有些令人惊讶。

富兰克林 · 罗斯福出生在海德公园哈德逊谷镇的一个古老、显赫、富有的荷兰家庭。他从小在家接受辅导，与其他许多同龄的孩子没有交往。母亲萨拉对其整个童年时代的影响尤为重要，但他与父亲的关系也很密切，全家人经常一起去欧洲旅行。

虽然他的学校教育和高等教育给他带来的快乐有限，但他还是在 1907 年通过了律师考试，成为了一名出色的律师。积极涉政后，罗斯福曾在伍德罗 · 威尔逊总统手下担任海军助理部部长，并作为民主党副总统候选人参加了 1920 年的总统大选。但民主党以大比分失利。

在罗斯福的一生中，有一个决定性因素差点儿令其政治抱负归于破灭，即他与骨髓灰质炎症的斗争。自 1921 年被确诊后，罗斯福的双腿就完全失去了功能，他采取措施不让自己坐在轮椅上出现在公众前，因为那会让他看起来很虚弱，也会令他感到难堪。尽管他的双腿再未能康复，但他能够借助拐杖和钢制支架进行短距离的行走，为此，他尝试了所有可能的治疗方法，甚至还购买了佐治亚州的温泉度假村。该度假村后来还对其他患者开放。虽然他个人的疾病未能得到成功治愈，但他所做的工作可能帮助了成千上万的其他患者战胜这一痛苦。此后，他还资助了一种疫苗。后来，尽管罗斯福仍在与健康问题做斗争，但他还是在他人劝说下重返政坛，并于 1928 年成为纽约州州长。1932 年，罗斯福在纽约州获得了赢得总统选举的大好机会。1933 年，他就任美国第 32 任总统。罗斯福经常因其对未来事件具有预见性而受到褒扬，最显著的例子，即他预见纳粹德国的崛起及其对全世界民主国家所构成的威胁。

由于美国采取了严格的孤立主义政策，他不能冒着触怒美国国会和人民的风险而公开地帮助欧洲盟国与德国作战。他希望在不违背美国中立原则的情况下为国家做好战争准备。1940 年，名为《选择性训练和服务法》的一项和平时期草案被强制执行。为了平息民众日益增长的恐惧，他向美国的父母承诺，他不会把他们的儿子派去参加海外战争。然而，当美国最终加入第二次世界大战时，他却声称，这场战争并不算海外战争，因为它涵盖了整个地球——他的批评者认为，这是一个相当“马基雅维利式”的诡辩。

罗斯福还开始经常与英国首相温斯顿·丘吉尔通信，以便及时了解大西洋彼岸的最新情况。他不想坐等行动，决定将美国变为“民主兵工厂”——如果美国不能公开战斗，至少可以提供作战武器。罗斯福通过“租借计划”实现了这一目标。在该计划中，美国以石油、粮食、战机、船只、军需品和物资的形式提供援助，条款规定，这些补给品要用到归还或销毁为止。总共有价值 500 亿美元的货物从美国运出，主要运往英国，也运往法国和苏联等。

这项援助必须通过船只送往欧洲，大量物资被运到大西洋彼岸。罗斯福知道，对于在海中潜行的德国潜艇来说，护卫舰是诱人的目标，不过，只要有一艘美国船只遭到袭击，他就可以宣战而不必担心遭到反对。然而，1941 年 12 月 7 日，日本轰炸了珍珠港的美国海军。这一举动直接刺激了民众，当美国第二天对日宣战时，全国人民都站在了总统这一边。

入主白宫 12 年后，随着美国从“二战”的灰烬中崛起并成为世界强国，罗斯福的影响力得以巩固。罗斯福在设立联合国方面的重要影响，使得他的远见再次在未来发挥作用。遗憾的是，罗斯福于 1945 年 4 月 12 日去世。在罗斯福生

世界第一夫人

埃莉诺·罗斯福是富兰克林·D. 罗斯福出了五服的表妹，也是他的妻子，是美国政坛一位令人敬畏的政治人物。从对罗斯福患病期间的支持，到做罗斯福 4 任总统期间的第一夫人，再到战后在联合国的工作，她都不是生活在丈夫光环下的人。

1902 年，埃莉诺在火车上与富兰克林邂逅，自此开始秘密通信，随后演变为一段罗曼史。虽然富兰克林的母亲不赞成这门亲事，但他们还是在 1905 年 3 月 17 日结婚了。遗憾的是，富兰克林与一位秘书的风流韵事让他们的婚姻不再如往昔。埃莉诺给他下了最后通牒：要么结束这段关系，要么离婚。他选择了前者，但这段插曲让埃莉诺明白，她应该在公共生活中去追寻自己的幸福。

作为一名坚定的民权支持者，她帮助影响了原本通常指向共和党的非洲裔美国人的投票，这成为民主党的一贯基础。

在她丈夫去世后，埃莉诺成为联合国人权委员会的第一任主席，并一直留任到 1947 年。20 世纪 50 年代，她以联合国和她在联合国所做工作的名义，开始安排在国内外的行程。1962 年，她在与一种罕见的骨髓疾病斗争失败后离世。

▲ 埃莉诺·罗斯福超越了第一夫人的角色，凭借自己的能力成为一名优秀的政治家

罗斯福是第一位通过广播发表就职演说的总统。美国各地民众都在收听他那著名的演讲

▲ 罗斯福与詹姆斯·M.考克斯在1920年失败的总统竞选中并肩同行

决定性时刻

确诊为骨髓灰质炎症

在加拿大的坎波贝洛岛，罗斯福听到了这个改变他人生的消息。失去腿部功能让罗斯福的政治抱负破灭了，他接受现实过起了病人的生活，但埃莉诺劝说他继续走他的职业之路。尽管尝试的多种治疗方法都无法使其恢复腿部功能，但罗斯福学会了用腿部支架和双拐进行短距离行走。在余生里，罗斯福是骨髓灰质炎症研究的坚定支持者，并在佐治亚州的温泉度假村为患者开设了一个治疗中心。

1921年8月

时间线

1896

●猛然觉醒

在接受了多年的家庭教育后，罗斯福被送到马萨诸塞州的格罗顿寄宿学校。由于这个原因，以及他特殊的成长环境，他发现自己很难融入社会并交到朋友。

1896年

●哈佛大学毕业

令人惊讶的是，罗斯福在哈佛时并不出色，据各方传闻，他是一个相当普通的学生，在学习了4年的经济学课程后，他说道："我所学到的一切都是错误的。"

1903年6月24日

●结婚

罗斯福与他的心上人埃莉诺·罗斯福结婚，埃莉诺是前总统西奥多·罗斯福的侄女，也是罗斯福出了五服的表妹。富兰克林专横的母亲和不忠令两人的婚姻变得复杂。

1905年3月17日

●通过纽约州律师考试

在毕业并通过律师考试后，罗斯福就职于卡特·莱迪亚德和米尔本律师事务所，这是一家极富盛名的华尔街律师事务所，主要处理公司法案件。

1907年

●担任海军助理部长

罗斯福坚信美国需要更大规模的海军，他满怀热情地担任了这一职务，为自己赢得了"精力充沛、工作努力的民主党人"这一声誉。

1913年4月

●被提名为副总统

罗斯福被提名为民主党副总统候选人，与詹姆斯·M.考克斯一起参加总统竞选，但两人在1920年的选举中输给了共和党人沃伦·G.哈定和卡尔文·柯立芝。

1920年

命的最后几年里，他因健康状况的迅速恶化而变得消瘦、憔悴，并被隔离于公众视线之外，以免在战争年代引起恐慌或降低士气。因此，当他在史无前例的第四个任期开始后的几个月内离世时，全国上下都为之震惊。

这位总统毫不羞于承认自己喜欢喝酒的事实，人们有时甚至会认为他是“肮脏的马提尼”（一种鸡尾酒）的推广人

这是一个在大萧条时期执掌大权的人，他为工人挺身而出，为国家提供工作、财政保障，最重要的是，他为美国带来了未来。他被誉为美国人民的英雄，他通过一次又一次的承诺及快速有效的行动，赢得了美国人民的心。

▲ 罗斯福在1944年与哈里·S. 杜鲁门竞选的官方海报。他将继续赢得压倒性胜利，确保其第4个任期

其影响力因美国成为世界强国而得以巩固。

决定性时刻

当选美国总统

罗斯福在人口最多的州拥有强大的政治基础，这为他竞选总统做了良好的铺垫。在提名演讲中，他宣称：“这不仅仅是一场竞选，还是一次战斗的召唤。”民主党关注受经济衰退影响最严重的公民，在工会、少数群体和更为贫困的美国公民中找到了新的盟友。在选民的热烈支持下，罗斯福赢得了除6个州外的所有州的支持，并获得57%的选民选票，成为美国第32任总统。

1932年11月8日

▲ 在他1933年就职的那天，罗斯福与即将卸任的总统赫伯特·胡佛一起乘车

决定性时刻

这将是一个耻辱的日子

由于日本对美国珍珠港海军基地发动了突然袭击，美国人对孤立主义政策失去兴趣，转而支持总统。在与其他盟国签署租借协议之后，美国也卷入军事冲突。对美国主权的无端攻击不容忽视，罗斯福以前做过的任何私下交易都没有必要了。美国现在完全致力于战争，在战争结束前，这将是代价高昂的4年。

1941年12月7日

●当选纽约州州长

罗斯福从改革州长的身份着手制定了新的社会政策，其中一些并不受欢迎，曾有人寄给他一枚炸弹，在被发现后，炸弹得以在爆炸前拆除。

1928年11月4日

●实行“百日新政”

罗斯福通过利用特殊“银行假日”来关闭银行，召集国会通过《紧急银行法》，稳定了经济的衰退，并在一定程度上恢复了公众的信任。

1933年3月5日

●连任

罗斯福获得60%的选票，赢得除佛蒙特州和缅因州以外所有州的支持。

1936年11月3日

●令人惊讶地连任3届

当时，总统只能连任两届是个不成文的规定，所以第三次参加总统竞选是一个很大的风险。罗斯福说，他只有在得到党内支持的情况下才会参选。“我们需要罗斯福……世界需要罗斯福”就是答案。

1940年11月5日

●成功连任4届

随着“二战”的肆虐，美国人民再一次选择了带领美国度过历史上最黑暗时期的领导人，因为他们知道，罗斯福将能够继续引领他们。

1944年11月7日

1945

震惊全国的死亡●

富兰克林·D. 罗斯福的去世让国内外都感到悲痛。每个美国人都有着巨大的失落感。

1945年4月12日

1922—1952

斯大林

世界的命运如何被一个“钢铁之躯”影响

1878年12月18日，本名为伊瑟布·朱加什维利的约瑟夫·斯大林出生。这个本名是格鲁吉亚语。他的父亲是鞋匠，是个打儿子的酒鬼，母亲是洗衣工。这家人只会说格鲁吉亚语，斯大林也只是上学后才学会说俄语，并且从未失去浓重的口音。年幼时的斯大林经常被人欺负，他7岁时染上天花，脸上留下了永久性的伤疤；12岁时的一次事故，让他的左臂自此短于右臂。但是，这个男孩非常强壮和坚强，他学会了隐藏自己的感情。

斯大林虔诚的母亲希望他成为一名牧师，1895年，16岁的斯大林被送往格鲁吉亚首府、梯弗里斯[①]的俄罗斯东正教神学院学习。但这并未奏效：年轻的斯大林成为了一名无神论者，他说：“你知道吗？他们在愚弄我们，没有上帝。”不过，斯大林在失去一种宗教信仰的同时，获得了另一种信仰——共产主义。在神学院，他阅读列宁和马克思的著作，并加入了一个布尔什维克团体。这所神学院最终于1899年开除了他，而斯大林对政治革命的参与也更为深入了。1902年，他成为了一名全职的革命者，年轻的斯大林经常引起沙皇秘密警察的注意：他在1902—1913年被逮捕了7次，并被流放到俄罗斯帝国的广阔疆域内。然而，斯大林似乎总是能够逃脱。

1906年，斯大林第一次结婚。他的妻子叶卡捷琳娜·斯瓦尼泽生下一子雅科夫后，于1907年死于斑疹伤寒。斯大林悲痛欲绝。在妻子的葬礼上，他说：“这个人融化了我的铁石心肠。她走了，我对人类最后的柔情也随之而逝。”在给斯瓦尼泽下葬的时候，斯大林自己也跳入坟墓；直到秘密警察来了，他才回过神来。

① 第比利斯的旧称。

约瑟夫·斯大林

苏联共产党员

1878年12月18日—1953年3月5日

简介 30年来，约瑟夫·斯大林是苏联的硬汉、绝对的统治者。在“二战”的烽火中，斯大林与希特勒展开了一场决定历史进程的斗争。

▲ 内务人民委员会的头目尼古拉·耶佐夫（右）

在他妻子死后，伊瑟布·朱加什维利改名为约瑟夫·斯大林。在俄语中，它的意思是“钢铁之躯”。

斯大林在苏联共产党领导层中的崛起缓慢却稳定。流亡期间，他创办布尔什维克党的党报《真理报》，并于1917年被选入党的中央委员会。

随着1917年2月15日沙皇的退位，俄国的未来指日可待，列宁决心抓住这个机会。于是，他发动了第二阶段的俄国革命。

列宁在1922年任命斯大林为苏联共产党书记处的总书记。这使斯大林得以在党内把其盟友安排在许多重要的位置上。

列宁在1922年5月和12月罹患中风，被迫半退休，后于1924年1月21日去世。

斯大林于1919年再次结婚。他的第二任妻子娜杰日达·阿利卢耶娃给他生了一个儿子和一个女儿，但他们家庭生活的氛围很紧张，娜杰日达于1932年自杀。斯大林完全为自己而活，他的孩子们也不受宠爱。他与第一任妻子的儿子雅科夫也曾试图自杀，但没有成功，而斯大林也只是评论道：“他甚至不会瞄准射击。”雅科夫随后在“二战”期间加入苏军作战并被俘，死于萨肯豪森集中营。娜杰日达的儿子瓦西里幸免于难，但在41岁生日前夕死于慢性酒精中毒，而斯大林唯一的女儿斯维特兰娜则于1967年出走美国。

到20世纪30年代末，斯大林认识到，他将不得不在某个时刻面对希特勒。但是，斯大林专注于内部政治，并且确信他的外交部部长莫洛

▲ 1925年苏联共产党第十四次代表大会上的斯大林

托夫在1939年签署的条约将确保德国不对苏入侵，因此，他拒绝听取来自军队越来越焦虑不安的警告。1941年6月，当德国军队大举进攻苏联时，斯大林完全没有察觉，又因优柔寡断而令苏军在战争初期陷于瘫痪。但是，由于德国人推行残酷的种族清洗政策，斯大林得以在著名的卫国战争中团结苏联人民。在莫斯科、列宁格勒和斯大林格勒的伟大战役中，希特勒的军队被摧毁，苏军开始向西部持续挺进。

由于苏联在战争中损失惨重，斯大林决心结成苏联的卫星国。在1945年的波茨坦会议上，斯大林提出了他的条件。

斯大林使东欧国家加入共产主义，而与以前的盟友们，则透过新的帷幕相互猜疑地注视着彼此。美国的亲共产主义者向苏联人传递了足够的信息。苏联在1949年8月29日前研究并制造出自己的原子弹。一旦苏联也拥有了核武器，冷战的第一阶段便开始了。斯大林对柏林的盟军区实施了封锁，“柏林空运”确保了西柏林仍然是民主德国的飞地。

斯大林在1953年3月1日清晨因中风倒下。斯大林曾下令，他睡觉时不能受到干扰，因此，那天晚上，他的警卫员直到22点都没有打扰他。当人们发现的时候，他躺在床上，不能动也说不出话来，睡衣已被尿液浸透了。据他女儿说，他最后一次睁开眼睛时带着“一种可怕的表情——或是疯狂，或是愤怒，充满了对死亡的恐惧”。斯大林于1953年3月5日晚9点50分去世。

轴心国“三巨头”

在“一战”过后，无情的野心、黑暗的决心以及对权力强烈的渴求，
驱使三个人将世界推入了一个死亡与恐怖的时代

德国

一个人夺回德国荣誉的追求

一切都为阿道夫·希特勒的掌权做好了准备。这位退伍老兵在“一战”中饱尝德国战败的苦果，亲眼目睹了这个曾经伟大的国家沦落为一片几乎无法养活自己人民的破碎土地。决心重建国家的他加入了德国工人党，其富有魅力的演讲很快引起了全国的注意。他所说的一切都是挣扎中的人们想听到的——他向人们承诺了食物、就业，最重要的是，他让人们重拾自尊。纳粹党

阿道夫·希特勒
1889—1945
纳粹德国的领袖，总司令
希特勒是德国陆军的一名下士，在一次芥子气袭击中受伤，在此之前，曾因其勇敢获得过许多勋章。随后，希特勒加入了德国工人党，并利用他演说的技巧统治了德国政治世界。

纳粹高层

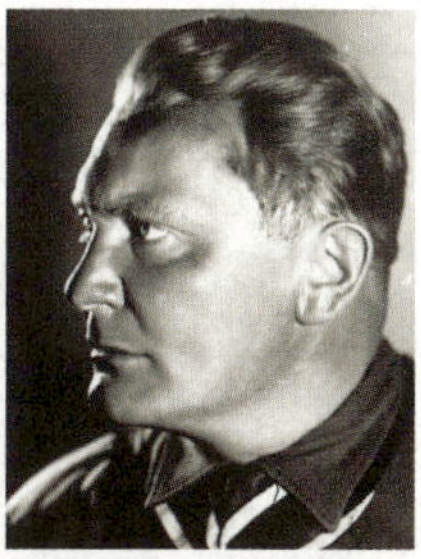

赫尔曼·戈林
1893—1946
德国空军总司令
戈林是第一次世界大战的王牌战斗机飞行员、希特勒的心腹，很快在纳粹队伍中崭露头角。尽管戈林在攻打波兰后获得了成功，但他后来在党内斗争中耗尽了精力。

约瑟夫·戈培尔
1897—1945
宣传部部长
戈培尔被军队以跛足为由拒之门外，怨恨驱使他加入纳粹党。他很快成为纳粹德国最有权势的人物之一，而他的诡计也为他赢得了“毒药侏儒”的绰号。

的队伍不断壮大，1932 年 7 月，人们投票给希特勒，希特勒被任命为总理。

希特勒和他的纳粹党控制了所有德国人的生活，取缔了所有其他政党，并致力于废除《凡尔赛条约》。他声称该条约剥夺了德国“足够的生存空间”，从而使其行为合法化。希特勒一个接一个地撕毁了“一战”后的协议——退出国际联盟；建立军队并开始伸展拳脚占领德国莱茵河左岸地带；吞并奥地利以及入侵捷克斯洛伐克。这激怒了法国和英国，他们承诺，如果德国入侵波兰，他们就会对德宣战。希特勒很清楚，仅凭其一己之力是没有机会挑战苏联的，而挑战苏联是他最终的目标。希特勒冷酷无情，渴望权力，但他并不愚蠢。他知道，德国军队无法单独实现他的目标。他需要帮助，他需要盟友。

战争机器 ⊕

梅塞施密特 Bf-109 战斗机

作为那个时代现代战斗机的先驱，Bf-109 战斗机是德国空军的中坚力量。最初被用于西班牙内战，并在整个战争中被不断发展和改进。Bf-109 成为史上生产数量最多的战斗机，供应给许多轴心国家使用，而不仅仅是德国。

优势： 体积小，速度快，功能强大，生产成本低

弱点： 狭窄的车轮轨道使其在地面上不稳定，在大风中也难以被控制

“老虎一号”坦克

入侵苏联期间，当德国军队遇到令人印象深刻的苏联坦克时，他们意识到：需要生产自己的坦克。于是“老虎一号”出现了。“老虎一号”因集中于火力和装甲而被应用于德国所有的战场。通常需要 5 辆英国谢尔曼坦克才能拿下 1 辆“老虎一号”。

优势： 威力强大的 88 毫米口径火炮和近乎坚不可摧的装甲

弱点： 机动性有限，故障频繁，运输困难

“俾斯麦号”战列舰

“俾斯麦号”是 20 世纪最著名的战舰之一，他是欧洲国家有史以来建造的最大的战舰之一，也是希特勒至高地位与权力的象征。在设计上，“俾斯麦号”是对“一战”战舰的回归，它无视“一战”后对德国海军的限制，重达 5 万吨。

优势： 极为坚固的装甲，速度快，机动性强

弱点： 缺乏炮塔保护，转向问题使它很难保持在航线上

意大利

想成为恺撒式的人物，不顾一切地要建立一个帝国并进行统治

贝尼托·墨索里尼对意大利有着宏伟的计划。他是“法西斯之父”，法西斯政党的缔造者，并使该政党在愤愤不平的退伍老兵中壮大了队伍。1922 年，意大利陷入政治混乱，国王除了任命墨索里尼为总理外，别无选择。墨索里尼精明、雄心勃勃，当他为失业者带来新的工作机会时，他变得非常受欢迎。墨索里尼在“一战”中一直奋战在前线，直到受伤——他希望给他的国家灌输自豪感，这驱使他采取了无情的行动。

墨索里尼认为，他的使命是重建罗马帝国，以“现代恺撒”的身份统治这个国家。1935 年，他以全军之力入侵埃塞俄比亚。装备落后的埃塞俄比亚人很容易就被击垮，意大利帝国随之壮大。当西班牙爆发内战时，墨索里尼向法西斯分子提供支持，趁机扩大自己的影响力。

墨索里尼正在迅速树敌。但是，有一个国家

向他提供了支持——纳粹德国。这位意大利独裁者残暴的行为引起了希特勒的注意，他邀请墨索里尼去德国，旨在给这位傲慢的意大利领袖留下深刻的印象。墨索里尼也一直在密切关注着希特勒。墨索里尼以罗马帝国的回归为目标，渴望在分割世界的谈判桌上占据一个主要位置。如果进展顺利，这两位渴望权力的独裁者的会面，很可能将成为一种强大而危险的伙伴关系的开始。

贝尼托·墨索里尼

1883—1945

总理、法西斯的领袖

意大利加入“一战”时，墨索里尼断绝了与社会主义的联系，成为了一名法西斯主义者。他把支持者组织成武装小队，利用恐怖和恐吓手段成为独裁者。

法西斯之父

伊塔洛·加里博尔迪

1879—1970

斯大林格勒战役的意大利指挥官

加里博尔迪以其军事技能在意大利军队中步步高升，获得数枚勋章，其中包括一枚在血腥的斯大林格勒战役中服役的勋章。1941 年，他成为意大利军队在非洲的最高指挥官，1942 年，他成为赴苏作战的军队首领。

乌戈·卡瓦莱罗

1880—1943

意大利最高司令部司令、意大利元帅

卡瓦莱罗是一位天才战术家，在“一战”中取得成功，并于 1925 年成为墨索里尼的战争副部长。意大利加入“二战”后，他被任命为意大利最高司令部总司令，并参与了许多重大战役。

战争机器

雷电战斗机"福戈尔"

这架飞机证明了意大利空军有制造世界级战斗机的能力。"福戈尔"在意大利参战的所有前线都服过役，由此证明了其致命性。

优势： 速度快，机动性强
弱点： 弹药不足，氧气系统效率低下，无线电信号不可靠

扎拉级巡洋舰

扎拉级巡洋舰是为了对抗法国最新设计的巡洋舰而自主研发的，以法国设计为基础，重装甲且强有力。在马塔潘角海战中，遭遇英国皇家海军，最后被驱逐舰的鱼雷击沉。

优势： 重型火力，装甲精良
弱点： 无法携带雷达

L3 轻型坦克

这种双人坦克在"二战"之前、其间和之后都被使用过。它是整个战争期间最常见的意大利装甲战车，有 2000—2500 辆，型号各异，被销往不同的国家。

优势： 生产成本低，速度快
弱点： 装甲薄，火力弱

日本

谋求统治的发展力量

这个国家在 19 世纪中期经历了一场引人注目的工业化，现在自视为主要的世界玩家。然而，其他国家却不敢苟同。"一战"中，日本在协约国的胜利中发挥了作用，但是，西方列强对日本日益增长的帝国主义倾向却持谨慎态度。日本没有建立强大的新联盟，反而发现自己的军事力量有限，美国甚至禁止日本移民进入本国。对日本民族主义者来说，这是种族主义行为，那些本可以成为盟友的人变成了敌人。

这个坏消息使日本在国内危机中挣扎，经济上的崩溃使这个国家陷入严重的萧条之中。政府对军队失去了控制，军方开始单独行动。最后，

战争机器

三菱零式战斗机

零式战斗机作为日本空中力量的象征，在从偷袭珍珠港到最后的神风敢死队的整个战争期间都发挥了作用。1939—1945 年，共生产 11283 架，被认为是几乎不可战胜的战斗机。

优势： 射击距离远，机动性强
弱点： 火力、装甲和发动机功率都有限

三菱 G4M 贝蒂轰炸机

这架日本轰炸机因其外形而被俗称为"飞行雪茄"，从战争开始到结束，一直参与战斗，共制造 2435 架。

优势： 难以置信的辐射范围和速度
弱点： 船员无装甲钢板或防护，对易燃的油箱没有防护措施

"大和号"战列舰

这艘巨大的战列舰是人类海军舰船史上最重、最强大的武装战列舰。它专门用来对抗美国战列舰。

优势： 火力巨大，速度快
弱点： 装甲的结构弱点使其易受空投鱼雷的攻击

甚至连首相的职位也落入海军上将手中。日本迫切需要自然资源，并渴望夺回“被不公平地剥夺了”的权力，于是，日本人着手计划在其领导下实现亚洲的统一。

以支配远东地区为目标，日本开始了对中国的入侵，并爆发了全面侵华战争。国际联盟对日本进行了指责，结果日本干脆退出了国际联盟，继续它的侵略扩张。日本需要资源，这时交朋友为时已晚，但与敌人的敌人合作却是一个非常吸引人的前景。

裕仁
1901—1989
日本天皇、帝国总司令部司令
裕仁于1926年成为天皇。尽管在理论上他拥有绝对的权威，但他把大部分权力都交给了大臣们。因此，他个人对日本扩张政策的参与程度仍然是一个饱受争论的话题。

帝国主义领袖

近卫文磨
1891—1945
日本首相（1937—1941）
近卫出生在一个贵族家庭，1937年被任命为首相。当日本入侵中国时，他竭力避免一场全面战争。

东条英机
1884—1948
日本首相（1941—1944）、战争大臣
东条在近卫辞职后出任日本首相。他支持扩张主义政策，主导了珍珠港事件，且向教育系统灌输民族主义思想。

《三国轴心协定》

1940年9月27日

日本驻德大使来栖三郎、意大利外交部部长加莱阿佐·齐亚诺以及阿道夫·希特勒在柏林签署了共同防御条约。三国正式成为战争盟友。此后，德国、意大利和日本正式用名“轴心国”。

致命联盟

希特勒为确保给墨索里尼留下深刻印象，不惜一切代价。当这位意大利领导人与德国独裁者会面时，希特勒精心展示了德国的实力：长长的德军阅兵队伍以及军事装备展示。它传递了一个强有力的信息——这是你想要与之并肩作战的国家，而非与之对抗的国家。墨索里尼为之折服，意大利同意了。两个月后的1936年11月，意大利加入德日《反共产国际协定》。尽管该协定表面上是针对共产国际，但实际上是针对苏联的。通过签署这一协定，德、意、日三国达成共识：如果其中任何一个国家卷入了对苏战争，其他国家将为了“捍卫其共同利益”共商对策。从表面上看，该协定把希特勒和墨索里尼描绘成对抗共产主义、捍卫西方价值观的十字军骑士，但实际上，协定助长了他们的扩张主义目标。

到了1939年5月，德国和意大利均意识到，战争是不可避免的，于是再次签订了《德意友好同盟条约》，以示对彼此的忠诚。条约规定：如果陷于战争，他们彼此需向对方提供援助。然而，其中还包含了一些秘密协议，为意大利和德国在未来共同发动的欧洲战争做准备。日本原本打算也与他们签订这个所谓的“钢铁协定”，但由于德意关注的焦点是英法而非苏联，因此日本并未加入。战时的同盟关系这时已变得非常真实

▲ 奥地利纳粹分子俯视着被强制刷洗路面的犹太人

▼ 1939年，在德军入侵波兰时，一名德国将军在装甲车中随坦克而行

轴心国的优势和弱点

技术

战争开始时，德国的科学家和工程师远远领先于其盟国的同行们。他们已经配有诸如喷气机、合成油以及最新的火箭和炸弹等先进的新技术装备。这些德国科学家在战后还被盟国聘用参与“回形针行动”。

唯一指令

希特勒可以采取任何他认为合适的行动，这虽然在最初是一个优势，但随着战争的进行，却逐渐成为一个主要的弱点。希特勒试图管理他所有的战斗，而实际上，应该像盟国一样，由有才能的将军来负责管理具体的战斗。

数字

1936 年，德国军队已达 300 万人。显而易见，希特勒早在几年前就已经为战争做好了准备。至 1939 年，德国已拥有 100 个步兵团和 6 个装甲师，而当时的英国只有 10 个装甲师。意大利也拥有世界上最大的轰炸部队之一，日本则拥有世界上最大的海军之一。

缺乏资源

这个问题是引发轴心国发动战争的原因，它也一直困扰着轴心国。这三个国家正在濒临崩溃，随着战争的持续进行，他们不断努力为自己的军队争取足够的资源。到战争结束时，德国甚至没有足够的石油来为飞机提供燃料。

主动权

在战争开始时，轴心国感受到了拥有战略主动权的好处。当盟军还在观望希特勒能走多远时，希特勒已经制订了入侵波兰并最终侵入苏联的计划。起初，盟军极为被动，只是等待并对敌人的行动做出反应，这让轴心国确实处于非常强有力的地位。

分裂的同盟

由于拥有共同的敌人，轴心国基本上能够相互配合，但他们之间的裂缝也在逐渐形成。意大利因缺乏军事力量在整个战争中都犹豫不决；初期的胜利令希特勒自我膨胀，对于自己的目标不愿妥协；日本则对欧洲大国普遍不信任，不管其是否是自己的盟友。最终，真正的同盟是不可能实现的。

且具体。但当德国在 1939 年 9 月入侵波兰时，意大利还没有做好准备，且需要时间来训练作战军队，因此不可能加入德国的入侵。事实上，意大利直到 1940 年 6 月才做好宣战准备，那时，希特勒已在西欧发动了大部分的战争。然而，这无关日本和意大利的痛痒，因为各轴心国都希望在世界的不同地区获得领土。

虽然这三位统治者在不同的领域争夺着统治权，但他们都知道结成统一战线的力量，因此，1940 年 9 月 27 日，他们签署了《德意日三国同盟条约》。条约的主要目的是让美国的强大力量远离战争。通过签署该条约，德意日达成一致——联合对抗反对他们的任何国家，除了那些已经在战争中与之为伍的。条约还确立了两个势力范围，日本承认德意是欧洲新秩序的领导者，德意同样承认了日本在东亚的领导地位。这个信息是明确的——三个大国现在是一个联盟，将消灭任何阻碍它们建立新帝国的人。开始时三个野心勃勃的独立国家现在已经变成了一股统一、致命和危险的力量，准备向世界上最强大的国家发起进攻。轴心国诞生了。

轴心国

从表面上看，
轴心国是为了一个共同的
目标而团结在一起的兄弟，
但私下里，这个联盟又能有
多亲密呢？

墨索里尼 + 希特勒

理论上，二人应该相处得很好：意大利法西斯主义和纳粹主义是两种非常相似的意识形态，希特勒还是墨索里尼的崇拜者。而事实上，他们的关系非常紧张。墨索里尼对希特勒的第一印象很不好。他用“无聊”来描述《我的奋斗》，并在第一次见面时拒绝使用翻译。墨索里尼几乎不会说德语，也听不懂希特勒的口音。会议结束后，他将这位独裁者形容为“一只愚蠢的小猴子”。尽管存有分歧，但他们都意识到，个人冲突应屈从于政治目标。因此，对“他们是朋友”的宣传铺天盖地。他们的联盟将改变欧洲历史的进程。

希特勒 + 裕仁

事实上，没有希特勒与天皇直接会面的记录。尽管希特勒赋予日本人以“荣誉雅利安人”的称号，以使其成为合法的盟友，但有记录显示，他在私下曾说：“让我们视自己为主人，将这些人至多视作需要鞭笞的涂了漆的半猴子。”同时，日本人也好不到哪里去，他们认为自己在种族上优于欧洲人。然而，尽管他们有着不同的种族观点，但都看到了对方作为盟友的好处，两位统治者几乎是彼此的镜像。如果轴心国取得了胜利，这种关系的最终结局可能会非常残酷。

墨索里尼 + 裕仁

如果说希特勒和裕仁天皇之间几乎没有互动，那么，这位意大利独裁者与日本天皇之间的互动就更少了。不过，墨索里尼相信日本人的支持，即使希特勒对此表示怀疑。他对偷袭珍珠港事件感到尤为兴奋，墨索里尼因美国没有参战而将其视为懦夫，且同意日本强迫美国参战。

分裂的世界

部分国家缓慢地加入了轴心国的阵营，
有些是自愿的，有些则别无选择

01 奥地利

加入时间：1938 年 3 月 12 日
是否自愿：是
奥地利，希特勒的故土，由纳粹政府接管。德军占领了这个国家。自此，奥地利成为第三帝国的一部分，不再是一个独立的国家。

02 维希法国

加入时间：1940 年 6 月
是否自愿：否
法国沦陷后，德国扶持法国政府要员组建了维希政府。然而，由于希特勒阻止法军集结，维希法国从未成为其完全的军事伙伴。

03 匈牙利

加入时间：1940 年 11 月 20 日
是否自愿：是
已经成为德国附庸国的匈牙利同意加入轴心国，希望以此获得德国优厚的经济待遇，并在其帮助下获得特兰西瓦尼亚的其余部分。

04 罗马尼亚

加入时间：1940 年 11 月 23 日
是否自愿：是
虽然最初是一个中立国，但法国沦陷后，罗马尼亚的亲法西斯分子越来越受到欢迎，一场政变导致了军事独裁，并使罗马尼亚与轴心国结盟。

05 捷克斯洛伐克

加入时间：1940 年 11 月 24 日
是否自愿：是
捷克斯洛伐克是德国的亲密盟友，并于 1939 年与其签订了一项保护条约。捷克斯洛伐克的军队参与了入侵波兰和对苏宣战。

06 保加利亚

加入时间：1941 年 3 月 1 日
是否自愿：是
保加利亚最初不愿卷入这场战争，但是，当德国向其允诺，给予其希腊在色雷斯的领土、并使其免于出兵苏联时，这个国家被说服了。

打造轴心国

日本关东军入侵中国东三省。他们随后建立了一个名为“满洲国”的傀儡政权。国际联盟无力阻止，墨索里尼和希特勒则对其密切关注。
1931 年 9 月 19 日

在墨索里尼的指示下，意大利入侵阿比西尼亚（今天的埃塞俄比亚）。国际联盟谴责此次入侵并投票实施制裁，然而这些基本上是无效的。
1935 年 10 月 3 日

意大利和德国领导人签署了一项协定，把法西斯国家非正式联系起来，这成为罗马—柏林轴心的基础。
1936 年 10 月 25 日

三国通过签署《反共产国际协定》，将罗马—柏林轴心线延伸至东京，联合起来反对苏联。
1937 年 11 月

德军在欢呼和庆祝声中进入奥地利。奥地利随后被并入第三帝国。尽管盟国口头上谴责德国的扩张，但并未采取任何行动加以阻止。
1938 年 3 月 12 日

英法德意签署《慕尼黑协定》。该协定允许德国吞并捷克斯洛伐克的部分地区。丘吉尔曾对此评价道：“在战争与耻辱间，英国选择了耻辱，却仍将面对战争。”
1938 年 9 月

德国入侵波兰。
1939 年 9 月 1 日

德国在清晨入侵丹麦和挪威。
1940 年 4 月 9 日

07 希腊

加入时间：1941年4月

是否自愿：否

希腊被法西斯意大利和纳粹德国侵略后占领，致使数以万计的平民饿死。

08 伊拉克

加入时间：1941年5月

是否自愿：是

1941年英伊战争期间，与英国作战的伊拉克成为轴心国的一个短暂盟友。在将英军驱逐出本国的过程中，首相拉希德·阿里得到了德国的支持。

09 芬兰

加入时间：1941年6月25日

是否自愿：否

芬兰从未正式成为轴心国的一员，然而，它与苏联的冬季战争令其向轴心国看齐。当英国轰炸芬兰佩萨莫港的德军时，两国关系进一步断绝。

10 西班牙

加入时间：1941年

是否自愿：是

尽管西班牙在名义上保持中立，但它却向轴心国提供了军事和经济援助，并支持在欧洲建立法西斯国家的想法。

11 泰国

加入时间：1942年1月25日

是否自愿：否

在1941年被日本侵略之前，泰国一直是中立国。泰国政府随后同意与日合作，并允许其利用本国作为入侵缅甸和英属马来亚的通道。

德国入侵荷兰、比利时和卢森堡。同日，英国首相尼维尔·张伯伦辞职，温斯顿·丘吉尔接任。
1940年5月10日

当德军长驱直入巴黎时，几乎没有遭到抵抗，法军和盟军撤退了。
1940年6月14日

德国入侵希腊，希腊战役开始。希腊军队寡不敌众，轴心国占领了这个国家。
1940年4月6日

德国入侵苏联，代号“巴巴罗萨行动”。这次入侵代表了希特勒的终极目标——消除欧洲共产主义的威胁，并为德国扩张获得土地。
1941年6月22日

日本入侵英属马来亚。马来亚战役打响。参战双方分别为大英帝国、荷属东印度、马来亚人民抗日军和日本帝国、泰国。
1941年12月8日（当地时间）

日本轰炸珍珠港，对美国发动了突然袭击。这次袭击旨在防止美国舰队干涉日本在东南亚的扩张计划。
1941年12月7日（当地时间）

就在袭击珍珠港10小时后，日本入侵了菲律宾。4月，巴丹省被夺取，日本将占领该国3年。
1941年12月8日

德国开始对苏联城市斯大林格勒展开夏季攻势。这次进攻最终在1943年2月2日的斯大林格勒战役中归于失败，欧洲战场的局势也因此发生扭转。
1942年6月28日

194

206

一个时代的终结

"二战"结束于血腥，这对于世界来说是一个解脱，
但同时也引发了新的冲突

墨索里尼的垮台

墨索里尼曾经是意大利最有权势的人，可当战争接近尾声时，他乔装打扮，逃离了自己的国家

如果没有戴墨镜的话，德国卡车后面那个驼背的人很可能不值得多看一眼。这位下巴放在两膝之间冲锋枪上的“德国空军下士”，肯定不是第52加里波第旅[①]正在寻找的人。他们一心只想在那一小群回家的德国士兵中找到逃亡的意大利人。

然而，这副在阴天还戴着的墨镜引起了人们的注意。他们对这名“德国空军下士”上下打量后发现，毫无疑问，他就是意大利前总理、独裁者贝尼托·阿米尔卡雷·安德烈亚·墨索里尼。1945年4月27日，“领袖”的故事将迎来它的结局。

缓慢的失败

墨索里尼早就感觉到他的末日即将来临。这场在意大利从未受到欢迎的战争已经恶化了一段时间。他在提及盟军在阿拉曼的胜利时曾说：“从1942年10月起，我就对这场危机有一种持续且不断增长的不祥预感，这简直要把我压垮了。”

事实上，即使不是政治学者也能够看出来，麻烦正在孕育之中。意大利在“二战”中所扮演的角色常常近乎于闹剧。作为德国实力较弱的伙伴，意大利直到法国被征服后才对其宣战。随后在阿尔巴尼亚和希腊的军事行动都被意大利搞得一团糟，甚至需要德军前去解围。

1943年5月，当盟军在突尼斯的胜利将轴心国军队从北非逐出时，战争到达了一个十字路口。英国人和美国人之间存在意见分歧：美国倾向于集中力量侵入被德国占领的法国，而英国则主张推迟这一进程，通过进攻德国较弱的伙伴即意大利，来保持对德国的压力。

① 1943年10月，意大利共产党人隆哥（Luigi Longo）在意大利北部山区组建的以民族英雄朱塞佩·加里波第命名的游击队。详见后文。

▲ 米兰解放后，意大利加里波第旅与意大利行动党的正义与自由游击队联合，在街头巡逻

墨索里尼早就感觉到他的末日即将来临。这场在意大利从未受到欢迎的战争已经恶化了一段时间。

英国的计划占了上风，意大利面临着一个不确定的未来，但仍有希望避免发生于本土的破坏性战役。7 月，盟军开始对西西里进行第一次进攻，有一件事是显而易见的，即墨索里尼作为独裁者的时代已几近结束。7 月下旬的一个深夜，墨索里尼在“大议会”的一次会议上，被投票赶下台。

当墨索里尼意识到他可以无视议会的投票时，决定继续掌权。然而，第二天，他被国王维托里奥·埃马努埃莱三世逮捕，他的命运已成定局。整个过程是如此平静，墨索里尼显然没弄明白在他身上到底发生了什么，而这个错误将会在以后造成可怕的后果。

在墨索里尼 60 岁生日那天，他被囚禁到蓬扎岛，随后被转移到位于亚平宁半岛大萨索山、海拔 1800 米高的坎波皇帝酒店（Hotel Campo Imperatore）。

意大利投降

战争双方无人怀疑意大利有从战争中脱身的意图。但一旦有了怀疑，德国有能力迅速而果断地采取行动。

当盟军陷入与意大利政府（由彼得罗·巴多格里奥元帅领导）就意大利投降条件进行谈判的泥潭时，德国人已经悄然将军队转移到意大利。

当意大利不可避免地宣布和盟国的停战协定时，德国人已经做好了在法国南部、巴尔干半岛和爱琴海取代意大利军队、发起“轴心行动”的准备。他们还立即解散了意军56个师。

盟国显然错误地估计了德国的反应，而随后到来的情况更为糟糕。德国人没有像预期的那样在罗马以北筑起防线，而是选择抵抗盟军的进攻。9月9日，就在宣布停战的几个小时后，盟军在萨勒诺的登陆从一开始就遭到了猛烈的反击。在阿尔贝特·凯塞林的领导下，德国人准备让盟军为其所获得的每一寸意大利领土付出代价。

此时，墨索里尼正处于一种不确定的状态。他把自己描述为“一具他们不愿宣布死亡的尸体”，似乎他职业生涯早期的活力与激情已消耗殆尽。根据与盟国谈判的条件，意大利政府应在德国开始入侵时移交墨索里尼，但德国的反应如此迅速，以至于意大利新政权惊慌失措。9月9日，巴多格里奥和其他政府成员与国王一起从罗马向南逃走，完全忘记了这位被废黜的独裁者，他的生命和事业即将进入屈辱的尾声。

载着100多位德国突击队员的12架滑翔机被派去“营救”墨索里尼，他被迫乘坐一架危险超载的鹳式侦察机离开了舒适的酒店。两天后，墨索里尼去会见希特勒，希特勒给了他两个艰难的“选项”：要么接受意大利北部新一届政府首脑的职位，要么面对不接受第一个“选项”的后果。“如果你不接受通过成为国家元首和新政府首脑来为德意联盟注入新的活力，”希特勒警告说，“意大利北部将不得不羡慕波兰的命运。”这是一个毫不含糊的声明。

▲ 1925年，当墨索里尼解散民主政府时，他已绝对控制了意大利

盟军步步逼近

许多意大利人曾寄希望于与盟国的停战协议，认为这将意味着战争的结束。但几乎没有人会猜到，他们的斗争才刚刚开始。

德国不能允许盟国就这样占领意大利的一部分领土并将其作为向德国发动进攻的发射台。无论人们如何看待意大利人的作战能力，将其从战斗伙伴的位置除去都将是一个重大的打击。随着盟军对欧行进的发展，德国将很快在极其艰难的三条战线上展开战斗。

第一批认清新形势的意大利人是士兵们自己。超过60万意军士兵成为战俘，其中大部分被运往德国服劳役，约20万人选择加入德军。

暴行司空见惯，尤其是在凯法利尼亚岛。意

许多意大利人曾寄希望于与盟国的停战协议，认为这将意味着战争的结束。但几乎没有人会猜到，他们的斗争才刚刚开始。

大利军队在那里犯了抵抗德国人的错误。1000多人在随后实力悬殊的战斗中丧生，5000名幸存者遭到有组织的屠杀。盟军从萨勒诺发动的进攻进展缓慢，但在1944年1月将德军赶回了一条主要防线。盟军对古斯塔夫防线的要塞之一、卡西诺镇发动了3次袭击，但都无法攻破德国的防御工事。战争进入了一个残酷的消耗阶段，意大利人发现，自己成了被困于两股力量之间的旁观者。

在这种情形下，保持袖手旁观可能是不合情理的，然而，为应对现状做些事这一无可厚非的愿望，却令意大利陷入内战的黑暗深渊。

爆发抵抗

在意大利与盟国宣布停战后，游击队如雨后春笋般涌现，估计有1万名平民自发武装起来，并形成组织松散的队伍。在德军威胁要把罗马夷为平地之前，这座城市进行了为期两天的抵抗。当看守战俘的意大利人离开岗位后，大约5万名战俘（其中大部分来自南斯拉夫）也被卷入混战。许多人前往山区加入游击队。

在战争开始时，参与游击队的人数很少，可能只有十几个人。1943年9月停战协定签署后，意大利活跃的游击队队员的数量急剧上升。

墨索里尼下台后，此前被取缔的政党开始走出阴影，形成了意识形态根基深厚的游击队团体。其中，近一半是意大利共产党员，被称为加里波第旅，其次是行动党，但也有为社会主义、基督教民主党、工党民主派和自由派的目标而战的游击队，还有一些则完全摒弃了任何政治立场，如斯泰拉·罗萨领导的“红星旅”。

6个主要的反法西斯政党组成了民族解放委员会（CLN），旨在协调一致抵抗德国和意大利法西斯集团。其中许多都是与墨索里尼的新政府同时成立的。以国民警卫队（GNR）的形式成

▲ 墨索里尼于1944年与德意军队的合影。部队正在德国接受训练，以继续同盟军作战

“德国是你真正的朋友”

“背弃”纳粹德国对意大利人造成了毁灭性的后果

海报可能宣称，意大利人对他们在“钢铁条约”中的长期伙伴没有任何恐惧，但事实却并非如此。工厂被打包运出意大利，意大利甚至不得不每月支付1000万里拉用作开支。就连食物也被德国士兵抢走，许多人处于濒临饿死的边缘。除了墨索里尼领导的新政府（RSI[①]）领土外，德国还吞并了意大利东北部的领土，这正好与“一战”结束时意大利从奥地利夺取的领土相吻合。“顾问”鲁道夫·拉恩被任命为德国驻RSI大使，进一步削弱了墨索里尼的权力。这位曾经的领袖现在只不过是个傀儡。

▲ 一支党卫军在沿亚迪亚提拿古道的墓窟[②]进行屠杀，以作为对游击队行动的报复

◀ 一张宣传海报，因美国在轰炸行动中的角色而将其妖魔化。图中文字为“这是解放者们”

意大利投降后，成为了德国人力和物资的来源地。

① RSI：意大利社会共和国（Repubblica Sociale Italiana），是第二次世界大战末期，贝尼托·墨索里尼在阿道夫·希特勒的扶植下于意大利建立的法西斯傀儡政权，正式成立于1943年9月23日，灭亡于1945年4月25日。

② 原文为Grotto Via Ardeatina，是沿亚迪亚提拿古道的墓窟，应是指圣多弥蒂拉墓窟（Santa Domitilla）。

立的法西斯民兵组织，在盖世太保、党卫军安全局、军事武警和几乎无法控制的帮派的协助下，竭力反击游击队。许多年轻人选择加入一个有组织的团体，不是出于任何政治或意识形态上的坚定信念，而是出于绝望和对就业的需求。

长期以来，历史学家们一直在争论游击队的效力，但毫无疑问，随着意大利战役的推进，游击队的活动规模也不断扩大。1944年1月报道的袭击不到500起，到3月超过2000起，而到6月已超过3000起。这些袭击，特别是针对德国士兵的袭击，招致了严厉的惩罚。一般来说，每有1名德国士兵被游击队杀死，德国就会处决10名俘虏或平民。最恶劣的报复是在一次罗马爆炸案之后，这次爆炸由意大利共产主义中央爱国行动小组（GAP Central）发动。1944年3月23日，在一队党卫军士兵列队行进时，一枚重达18千克的炸弹被引爆，当场炸死28人。第二天，又有5名士兵因伤势过重而死。德国人愤怒地将犹太人、意大利共产党员、罪犯和其他碰巧在错误时间出现在错误地点的人围捕起来。第二天，他们在罗马南部沿亚迪亚提拿古道的墓窟被处决。从一开始，处决就很残忍，随着时间的推移，它变得越来越凶残，一些受害者甚至被殴打致死。

许多组织不可避免地将注意力从德国人身上转移到了基础设施上，比如桥梁和铁路线，抑或其法西斯对手身上。德军警告平民不要介入，而盟军鼓励平民这么做，平民进入了一个可怕的不确定阶段，在这个阶段，抵抗行动在任何时候都可能遭到报复。这场失控的混战造成了意大利国内严重的供应短缺，也致使黑市活动激增。在许多地方，武装团伙仅仅是为了出售所得而抢劫人和房屋，局势接近无政府状态。

盟军缓慢地向北推进，远未达到先前承诺的供给水平。更糟糕的是，士兵在经过时，还沉溺于掠夺和强奸平民。

在与盟国宣布停战后，游击队如雨后春笋般涌现，估计有 1 万名平民自发武装起来，并形成组织松散的队伍。

无用领袖

墨索里尼对德国残酷的占领感到绝望，但他的新政府却无能为力。令其蒙羞的是，RSI 的首都设在了萨洛而非罗马，各种机构故意被散落在一片广阔的区域，以限制其有效运作。对墨索里尼造成进一步羞辱的是，他被准予了一支新军队，但只有 4 个师，且其中大部分都是新兵。只有 1.2 万名军官和士官被允许从德国返回，以填补新军少得可怜的队伍。这导致了游击队人数的激增，因为许多年轻人宁愿在山里冒险，也不愿服从征召令。然而，墨索里尼并非完全无事可做。他回归早期的记者身份，再次成为一个多产的作家，写了大量的宣传文章，将盟国称为“英美侵略者”，并将其与德国进行对比：英美已习惯于将意大利城镇夷为平地，而 1944 年 6 月，当德国军队被美国第 5 集团军驱逐时，他们却留下了完好无损的罗马。1944 年 5 月，在第四次卡西诺战役中取得成功后，盟国继续向前推进，但是，因德军一再重新回到防线上，双方都伤亡惨重。在罗马沦陷后不久的 6 月 6 日，德国军队从法国出发，赶往诺曼底以阻止英法挺进，这是意大利战役的既定目标，但正如许多历史学家后来所指出的，究竟是谁在牵制谁，还存在争议。

绝望的逃跑

到 1944 年年底，墨索里尼几乎成了一个隐士，但仍存有少许斗志。他制订了一个计划，利用他宝贵的 4 个师发起反攻，但并未对盟军的前进产生任何持久的影响。

12 月，墨索里尼在米兰李瑞克剧院（Teatro Lirico）发表演讲，最后一次展现了他旧有的激情，拥挤的人群中响起热烈的掌声。

这已然是最后一次欢呼。1945 年 2 月，他的德国医生宣布他是“严重身心崩溃的受害者”。德国在每一条战线上的军事阵地也都岌岌可危。盟军在 4 月突破了哥特防线，与此同时，从西面逼近柏林，苏军则从东面逼近。

4 月 25 日，游击队领导层在米兰会见了墨索里尼，为其法西斯民兵组织制定了投降条件。

▲ 随着盟军向意大利本土的挺进，墨索里尼的声望迅速下降

◀ 在视察准军事组织“黑色劲旅”时，墨索里尼安抚一位年轻的士兵

墨索里尼与其达成协议的企图告吹。

晚上8点，墨索里尼离开米兰，开始不顾一切地逃离这个国家。他当晚到达科莫，4月27日，与一支德军会合，这支队伍在意大利进行了一场令人筋疲力尽的战役，这时正在疲惫不堪的返乡途中。

一个游击队的路障拦住了这支队伍，经过长时间的讨论，德国人被告知，他们可以继续旅程，但所有的意大利人都必须下车。德国人对意大利人的命运毫不关心，但确实同意了墨索里尼（只允许他一人）乔装同行。他们给了他一件大衣、一顶头盔、一挺冲锋枪和一副致命的墨镜，试图掩盖这位意大利人最熟悉的面孔，但都徒劳无功。当这支纵队被搜查时，人们很快就认出了他，墨索里尼被捕。他以被第52加里波第旅巡逻发现的形式落入意大利共产党人手中。

最后一幕

意大利共产党人决定不把墨索里尼及其随从——包括他的情妇克拉雷塔·佩塔奇——移交给盟军。在随后令墨索里尼痛苦不堪的几小时里，人们对其命运进行了一番争论。他再次被伪装起来，不过这一次是游击队队员所为。他们试图让墨索里尼活着，直到他们对如何处置他做出决定。而这个决定一经做出，后面就极其简单了。1945年4月28日，墨索里尼和他的情妇一起被机关枪子弹打得千疮百孔。尽管许多人最初都声称是自己杀了墨索里尼，但到底是谁扣动了扳机，仍不得而知。

他的其他随从也被处决，连同墨索里尼和他情妇的尸体一起被随意地扔在米兰的洛雷托广场。4月29日上午，尸体被发现，民众迅速聚集起来，对尸体吐口水、踢来踢去，并以其他方式进行侮辱。第二天，希特勒自杀。然而，即便如此，意大利的苦难仍未结束。墨索里尼死了，但游击队还有很多其他的目标。

▲ 墨索里尼以意大利社会共和国傀儡领袖的身份，度过了其一生中的最后两年

07 墨索里尼被捕

1945 年 4 月 27 日，当德军在盟军的攻击下溃不成军时，墨索里尼试图逃离意大利，但在靠近东戈村和瑞士的边境时，被第 52 加里波第旅俘虏，并于一天后被处决。

03 RSI 建立

从 1943 年 9 月起，墨索里尼的唯一职责就是担任意大利北部傀儡政权的首脑，这个政权实际上由德国人有效支持、组织和管理。在萨洛，墨索里尼没有权力，影响力也荡然无存。

04 反游击队行动

1944 年 3 月，针对意大利游击队的行动数量和规模有所增加。由德意法西斯部队组成的联军在意大利北部发动了一系列袭击（被称为“追踪行动”），游击队的伤亡人数往往达到数百人。

01 墨索里尼被免职

在贝尼托·墨索里尼下台后，意大利向盟国投降的道路便敞开了。他被囚禁在坎波皇帝酒店，在面对德军对罗马的进攻时，于一片逃离的混乱中被遗忘，并被德国伞兵营救出来。

06 罗马的解放

1944 年 6 月 4 日，就在诺曼底战役开始的前两天，美国第 5 军解放了罗马。但对关于美国指挥官先到罗马这一决定的争议仍然存在，因为该决定可能使盟军失去了封锁 AOK10 的机会。

05 卡西诺突破

1944 年 5 月，在三次进攻卡西诺周围地区失败后，盟军以波兰第 2 军团为先锋，终于突破了古斯塔夫防线。整个德国第 10 军（AOK10）似乎都被困住了，他们没有机会了。

02 盟军入侵

1943 年 9 月 9 日，就在意大利向盟国投降几小时后，盟军开始在萨勒诺登陆。德国人的抵抗力量让盟国感到惊讶，盟国进展缓慢。随后，沿古斯塔夫防线的防御工事更是令其寸步难行。

噩梦战场

意大利是整场战争中战斗最为激烈的战场之一，也是墨索里尼倒台背后，政治阴谋产生的地方

在贝尼托·墨索里尼下台后，意大利向盟国投降的道路便敞开了。

许多年轻人选择加入一个有组织的团体，不是出于任何政治或意识形态上的坚定信念，而是出于绝望和对就业的需求，这种现状极为罕见。

▲ 随着战争的继续，希特勒和墨索里尼的关系恶化

▲ 1944年，墨索里尼在米兰发表最后一次讲话，承诺德军将扭转局势，同时谴责布尔什维克主义

墨索里尼对德国的占领感到绝望，但他的新政府却无能为力。

意大利的游击队

对德意法西斯进行有组织的抵抗，并以多种形式出现

加里波第旅

拥有意大利共产主义背景的加里波第旅是党派势力中最大的派别。通常由参加过西班牙内战的老兵指挥，一个旅名义上有100—300人，但实际人数可能会多得多，而且波动很大。当人数增加时，旅实际上会失去效力。

▲ 游击队队员在去贝尔格莱德的路上

斯泰拉·罗萨（红星旅）

斯泰拉·罗萨是少数几个不受政治意识形态影响的游击队组织之一，这得益于美国经营的战略服务局（OSS，美国中央情报局CIA的前身）的支持和武器的投放。1943年11月，只有20名成员的斯泰拉·罗萨首次开始活动。

正义与自由游击队

在行动党的支持下，正义与自由游击队雄心勃勃地要组建一支统一的军队，而不仅仅是从事游击战。他们占意大利所有游击队力量的21%左右，并从不信任能从盟国那里得到优待。他们的领导人之一，费鲁乔·帕里（右图）后来成为意大利的总理。

► 帕里是一名激进的反法西斯分子，自20世纪20年代以来一直与墨索里尼作战

希特勒的自杀

德国，柏林
1945年4月30日

当柏林街头战火纷飞时，纳粹德国的元首正躲在地下15米深的秘密藏身之处——元首地堡。阿道夫·希特勒现在很安全，但不久，第三帝国的首都就被苏军占领了。希特勒仅存的盟友恳求他向南逃到贝希特斯加登[①]的阿尔卑斯撤退地。然而，这个决心为此项事业献身的元首却充耳不闻。此时，他的精神比以往任何时候都更加扭曲，他相信，自己在柏林的存在将激励残存的国防军继续坚守下去，而不会出现如1918年那样令人蒙羞的停战。

希特勒的最后几天被那些他曾高度重视的人控制着，他们背叛了他。海因里希·希姆莱试图与盟国和解，而赫尔曼·戈林则任命自己为新元首。直到4月底，希特勒才意识到局势已经一去不复返了，并为自己的离去做了准备。在任何情况下，他都不会像墨索里尼那样被俘虏、折磨，然后吊悬示众。他娶了他的长期伴侣爱娃·布劳恩，并口授了临终遗书——一篇关于犹太人该如何为战争负责的长篇大论。

4月30日凌晨2点30分，希特勒向元首地堡的人们告别。接着在当天下午，人们发现他死了。他身旁的地板上有一把沃尔特PPK手枪，他的新婚妻子在咬了一颗氰化物胶囊后也躺在那里，没有了生命体征。他们的尸体被烧，直到烧焦。国防军的枪声很快就沉寂下来，第三帝国的暴政随之结束。

① 贝希特斯加登：Berchtesgaden，德国东南端边境城市。

EXTRA THE STARS AND STRIPES EXTRA

HITLER DEAD

Fuehrer Fell at CP, German Radio Says; Doenitz at Helm, Vows War Will Continue

Churchill Hints Peace Is at Hand

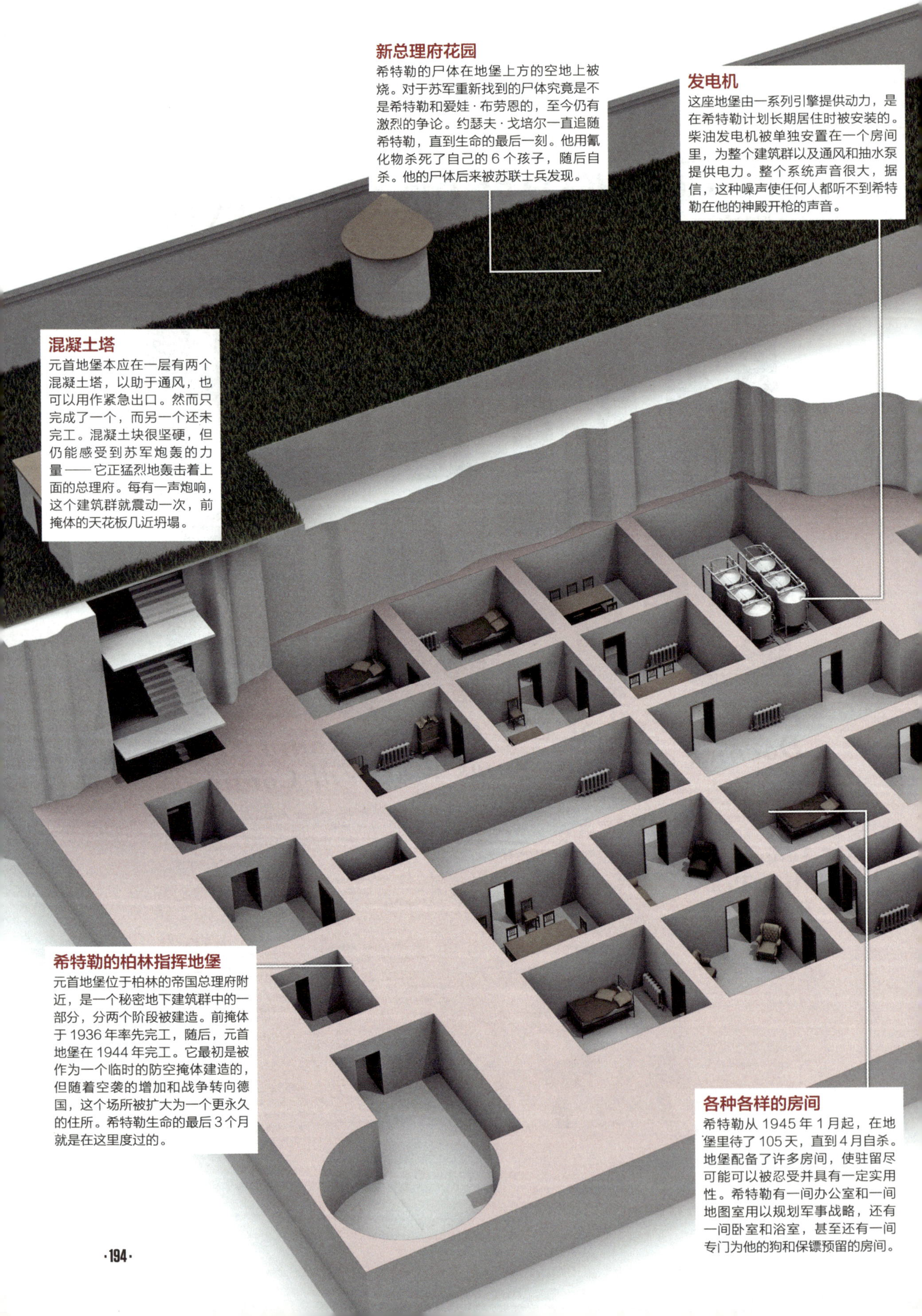

新总理府花园

希特勒的尸体在地堡上方的空地上被烧。对于苏军重新找到的尸体究竟是不是希特勒和爱娃·布劳恩的，至今仍有激烈的争论。约瑟夫·戈培尔一直追随希特勒，直到生命的最后一刻。他用氰化物杀死了自己的6个孩子，随后自杀。他的尸体后来被苏联士兵发现。

发电机

这座地堡由一系列引擎提供动力，是在希特勒计划长期居住时被安装的。柴油发电机被单独安置在一个房间里，为整个建筑群以及通风和抽水泵提供电力。整个系统声音很大，据信，这种噪声使任何人都听不到希特勒在他的神殿开枪的声音。

混凝土塔

元首地堡本应在一层有两个混凝土塔，以助于通风，也可以用作紧急出口。然而只完成了一个，而另一个还未完工。混凝土块很坚硬，但仍能感受到苏军炮轰的力量——它正猛烈地轰击着上面的总理府。每有一声炮响，这个建筑群就震动一次，前掩体的天花板几近坍塌。

希特勒的柏林指挥地堡

元首地堡位于柏林的帝国总理府附近，是一个秘密地下建筑群中的一部分，分两个阶段被建造。前掩体于1936年率先完工，随后，元首地堡在1944年完工。它最初是被作为一个临时的防空掩体建造的，但随着空袭的增加和战争转向德国，这个场所被扩大为一个更永久的住所。希特勒生命的最后3个月就是在这里度过的。

各种各样的房间

希特勒从1945年1月起，在地堡里待了105天，直到4月自杀。地堡配备了许多房间，使驻留尽可能可以被忍受并具有一定实用性。希特勒有一间办公室和一间地图室用以规划军事战略，还有一间卧室和浴室，甚至还有一间专门为他的狗和保镖预留的房间。

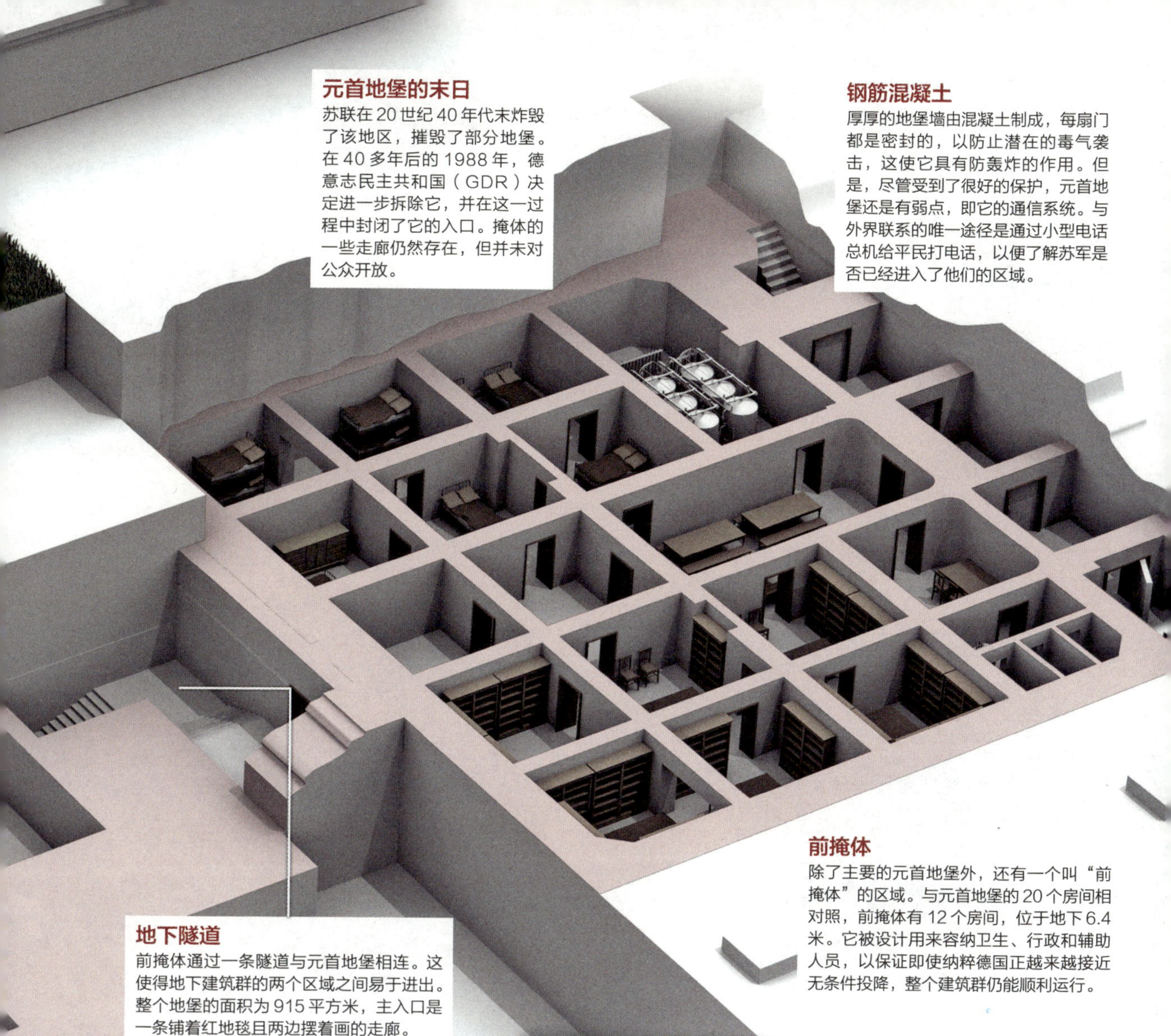

元首地堡的末日

苏联在20世纪40年代末炸毁了该地区，摧毁了部分地堡。在40多年后的1988年，德意志民主共和国（GDR）决定进一步拆除它，并在这一过程中封闭了它的入口。掩体的一些走廊仍然存在，但并未对公众开放。

钢筋混凝土

厚厚的地堡墙由混凝土制成，每扇门都是密封的，以防止潜在的毒气袭击，这使它具有防轰炸的作用。但是，尽管受到了很好的保护，元首地堡还是有弱点，即它的通信系统。与外界联系的唯一途径是通过小型电话总机给平民打电话，以便了解苏军是否已经进入了他们的区域。

前掩体

除了主要的元首地堡外，还有一个叫“前掩体”的区域。与元首地堡的20个房间相对照，前掩体有12个房间，位于地下6.4米。它被设计用来容纳卫生、行政和辅助人员，以保证即使纳粹德国正越来越接近无条件投降，整个建筑群仍能顺利运行。

地下隧道

前掩体通过一条隧道与元首地堡相连。这使得地下建筑群的两个区域之间易于进出。整个地堡的面积为915平方米，主入口是一条铺着红地毯且两边摆着画的走廊。

有点奢侈

整个地下建筑最初被设计成一个简单的防空洞，但后来变得越发宏伟。元首地堡的豪华程度或许已经超过了标准的空袭掩体，但它与希特勒在战争期间精心于其中策划战略的“狼穴”① 相去甚远。会议室尤为狭窄，但却是德国在战争中最后举行军事简报会的地方。

▲ 1947年7月，在帝国总理府花园里的元首地堡后门

---

①“狼穴”：“二战”时希特勒在欧洲大本营的名字。由一系列地堡和碉堡组成，四周有铁丝网围绕。1945年1月25日德军撤退时该指挥部被破坏并摒弃。

“荷兰人”范·柯克

“二战”期间，在非洲和欧洲执行了58项任务后，“荷兰人”范·柯克被调到了第509混合大队。他是“埃诺拉·盖伊号”驾驶员，1945年8月6日，“埃诺拉·盖伊号”在日本广岛投下了第一颗原子弹。范·柯克是“埃诺拉·盖伊号”上最后一名幸存的机组人员，于2014年7月28日去世。

我不觉得投下原子弹是在行善，但也并不觉得是在作恶。

广岛的目击者

第一颗原子弹，日本广岛，1945年8月6日

大家都叫西奥多·范·柯克“荷兰人”。他常受失眠困扰，这是士兵们在执行任务前常有的苦恼。然而，在1945年8月5日晚上，驻扎在太平洋小岛天宁岛上的“荷兰人”和他的11名机组人员的确比大多数人更有理由失眠——第二天早上，他们将在广岛投下第一颗原子弹。

为了打发时间，包括驾驶员“荷兰人”、投弹手汤姆·费雷比和指挥官保罗·蒂贝茨在内的一些机组人员在一起玩扑克。几个小时后，他们将再次赌博——只不过这一次的赌注要大得多。

美国在前1个月的新墨西哥州“三位一体”（Trinity）试验中成功引爆了第一枚核装置。“荷兰人”和所有机组人员一样，在犹他州的温多弗空军基地接受了几个月的集中训练。即便如此，他们事实上将要做的事，却从未在任何战争中被尝试过。“荷兰人”回忆说：“一位原子能科学家说，如果炸弹爆炸时飞机在9英里外，我们认为你们会没事的。”当有人质疑他对“认为”一词的使用时，他直言不讳地说：“我们真是不知道。”

“荷兰人”被他的前指挥官选中加入了第509混合大队，这个小组的任务是部署核武器。“例如，我和保罗·蒂贝茨一直在英国飞行；我们载德怀特·艾森豪威尔将军（后来成为美国总统）从英国南海岸的休恩飞到直布罗陀，指挥北非登陆。然后我们被分开，做着各种各样的事情——比如，我在一所飞行学校教其他的驾驶员。蒂贝茨被选中接任第509大队的指挥官，就在那时，他找了一些和他一起在第97轰炸机大队工作过的人。”

历史书经常描绘这样一个画面：美国政府和其他盟国一直束手无策，直到最后一刻才决定使用原子弹。然而，尽管日本在7月26日收到了投降的最后通牒并在两天后拒绝了这一要求，但“荷兰人”个人认为，这都在意料之中：“自2月（1945年）以来，我就知道将会投下原子弹，这

毁灭倒计时

1945年7月16日

早上5点29分 ●**第一次爆炸**
美国科学家在“三位一体”试验场成功引爆第一枚核装置。

7月28日

●**日本政府拒绝接受《波茨坦宣言》中提出的投降条件**

8月5日

下午2点 ●**暴风雨前的平静**
范·柯克和其他机组人员被告知他们已得到投下原子弹的批准，试图睡一会儿。

下午3点 ●**“小男孩”原子弹被装至“埃诺拉·盖伊号”上**

晚上6点 ●**范·柯克、费雷比、蒂贝茨和其他人难以入睡**

晚上10点 ●**机组人员起床准备飞往广岛，吃早餐**

8月6日

凌晨0点 ●**范·柯克和机组人员在最后一次简报会后前往“埃诺拉·盖伊号”**

凌晨1点37分 ●**气象报告**
3架气象飞机离开天宁岛北场空军基地，确认情况良好。

凌晨2点45分 ●**“埃诺拉·盖伊号”起飞，另外3架参加13号特别任务的B-29轰炸机紧随其后**

早上5点52分 ●**武装的“小男孩”**
这些飞机飞越硫磺岛，“埃诺拉·盖伊号”的备用飞机“绝密号”在那里降落。装备“小男孩”原子弹。

上午7点30分 ●**天气晴朗，“伟大的艺术家号”、“埃诺拉·盖伊号”以及“91号”飞往广岛**

上午8点13分 ●**指挥官保罗·蒂贝茨将控制权交由投弹手汤姆·费雷比，让他负责投弹**

上午8点15分 ●**有效载荷下降**
“小男孩”被投放，43秒后引爆，距离广岛市上空约600米。“埃诺拉·盖伊号”不久后经历了冲击波。

下午3点 ●**任务完成**
“埃诺拉·盖伊号”在天宁岛降落，成功完成任务。保罗·蒂贝茨获得“杰出服务十字勋章”。

并不令人感到惊讶。在投下这原子炸弹之前，我们在天宁岛的美国空军基地驻扎了大约1个月，就是为了保持良好的状态。”

晚上10点左右，在最后一次简报会和最后一次检查“埃诺拉·盖伊号”之前，机组人员被从营房叫来提前吃早餐。“荷兰人”记得他们吃了菠萝油炸饼（因为他讨厌吃，而保罗·蒂贝茨喜欢）。虽然在早餐问题上，他和他的指挥官意见可能不一致，但他对这位驾驶特别改装的B-29轰炸机往返广岛的人却不吝溢美之词。

“他是个出色的飞行员。他的技术在欧洲和非洲多次挽救了全体机组人员的生命。当他登上飞机时，他就成了飞机的一部分。

“当你和保罗·蒂贝茨一起飞行时，你不必擦鞋或熨裤子，以及其他诸如此类的事情。但是，当你登上飞机，你最好知道自己在做什么！”

很难想象凌晨2点45分在“埃诺拉·盖伊号”上起飞时的心情，但从“荷兰人”的角度来看，这次任务和往常并无不同。“我们在水上飞了很长一段距离，途中以硫磺岛作为检查站。现在，如果你在硫磺岛和日本之间迷路了，你可真是个可怜的驾驶员！船上的每个人都在做自己的事。比如，我记得费雷比打了个盹，而我们的无线电接线员正在读一本关于拳击手的侦探小说。每个人都在确保自己做了该做的事，而且做对了。”

虽然“埃诺拉·盖伊号”和“博克斯卡号”（在长崎投放原子弹的飞机）是两架被载入史册的飞机，但“荷兰人”敏锐地指出，这次行动的范围远不止于此：事实上，8月6日有7架飞机参与了前往广岛的13号特别轰炸任务。其中3架观察机先行起飞，以确保条件准确，“绝密号”是降落在硫磺岛的“埃诺拉·盖伊号”的备用飞机，而另外两架飞机——“伟大的艺术家号”和

▲“埃诺拉·盖伊号”的12名轰炸机机组人员中有7人站在飞机前；左3是“荷兰人”，低着头；中间是指挥官保罗·蒂贝茨

▲天宁岛北部的北场空军基地接待了15架改装的B-29轰炸机及其机组人员

“91号”（后来被命名为“必要的邪恶号”）——则陪同“埃诺拉·盖伊号”进行全面的行动。

“‘伟大的艺术家号’上有一些仪器，在我们投下炸弹的同时也将会被投下。如果你问我仪器的名字，我也说不上来；我通常叫它们‘爆炸表’，因为它们就是用来测量爆炸的。另一架飞机（‘91号’）正带着一架大型照相机在20英里外飞行，以获取爆炸的照片。不幸的是，那天照相机坏了，所以我们得到的最好照片来自飞机飞行员的手持相机。”

早上8点左右，3架飞机顺利抵达广岛。这座城市被列为首要目标有以下几个原因：那里有大量的军事设施和军队，还有一个繁忙的港口；有工厂供应大量物资，这些是日本遭到入侵后用以保卫国家的备用物资。除了这些因素外，广岛以前从未成为过盟军的攻击目标，因此后来记录的任何损毁都只能归因于原子弹。对广岛市民来说，不幸的是，这也意味着日本当局几乎没有理由怀疑那里会被袭击——即使3架B-29小型中队已明显地在向广岛靠近着……

在实际的炸弹袭击中，蒂贝茨将“埃诺拉·盖伊号”的控制权交给了投弹手和“荷兰人”的密友汤姆·费雷比少校。随着“小男孩”原子弹（其实并不小，重4400千克）的投放，飞机经历了一次上升，但蒂贝茨设法稳定住了B-29，然后匆忙撤退。

“我们做了一个已经练习了很多次的150度转身，然后踩下油门离开。所有人都抓住了东西，为一定会产生的气流做准备。飞机上没抓住东西的人或任何松了的东西都会飞起来，所以我们都要确保自己就位并戴上了护目镜。”距投弹43秒后，原子弹爆炸，这时他们已在大约14.5千米外。“我们听不到引擎发出的任何声音，但我们看到了一道明亮的闪光，就在那之后不久，我们遭到了第一个冲击波。

“当我们回头时，所能看到的广岛只有黑烟和灰尘。蘑菇云在我们上方约12千米处，而且仍在上升。你仍然可以看到480千米外的云层。”当时，“埃诺拉·盖伊号”的机组人员不可能知道原子弹的破坏力有多大。在所有那些浓烟和灰尘

当我们回头时候，所能看到的广岛只有黑烟和灰尘。

▲ 原子弹在广岛造成的破坏是空前的

的笼罩下，这座城市近 70% 的建筑被夷为平地，8 万人死亡 —— 随着被大大低估的辐射的影响，这一数字还将上升。

在“荷兰人”看来，与照相机出错的“伟大的艺术家号”不同“‘埃诺拉·盖伊号’一切都完全按照计划进行。天气很好，我大概可以从 120 千米以外的地方看到广岛。我的导航系统只关闭了 6 秒”，他自豪地说，“汤姆按照预期地点准确地投下了炸弹。我们遇到了很多气流，但飞机没有破碎，我们成功返航。但对长崎的第二次任务就出了很多问题。不过他们在那次任务中运气很好……”

的确，在 3 天后的 8 月 9 日，由于恶劣的天气和后勤失误，“博克斯卡号”上另一组轰炸机机组人员几乎没能到达长崎。然而，他们设法挽救了这一任务；他们的成功，或如“荷兰人”所描述是“运气”的结果，是另一个城市和至少 4 万名居民的瞬间毁灭。不到 1 周后，日本天皇裕仁通过广播向其国民宣布，日本投降的原因是“一枚新的、最为残忍的炸弹，其威力不可估量，夺走了许多无辜的生命”。

爆炸发生几周后，“荷兰人”与其他工作人员一起，把科学家们送到长崎，直接测量这些“最残忍的新型炸弹”的破坏程度。“我们从日本原子能机构那里挑选了一些东京的科学家 —— 他们也在研究原子弹 —— 我们飞到长崎；那时我们无法在广岛着陆。我们降落在一片肮脏的土地上。随后，我们得到了一些老旧的汽车 —— 1927 年的雪佛兰或类似车型，可以用它们开到市中心，但在进入长崎之前，它们均坏了三次。”

“其实，真的没有什么事情让我们感到震惊，唯有一件事（一直与我同在）。当时，日本军队正在被解散，其中一名士兵乘坐公交车在寻找他的家，而他的家早已被毁。我记得我看着汤姆·费雷比说：‘你知道，汤姆，如果战争走向相反的方向，无家可归的可能就是我们了。’我不

起源与后果

1939年，阿尔伯特·爱因斯坦和其他物理学家警告说，德国即将制造自己的核弹，此后，美国开始研发核弹。“曼哈顿计划”于1941年启动，到1945年7月成功地引爆了“三位一体”试验中的第一个核装置。这时，德国已经投降，因此，盟军现在的视线完全集中于最后一个轴心国：日本。日本在《波茨坦宣言》中拒绝了投降的最后通牒，盟国认为，他们只有两个选择：攻入日本或使用原子弹。他们选择了后者。这仍然是有史以来最具争议的军事决定之一，但许多人认为，从长远来看，攻入日本将夺去更多的生命。

▲ “小男孩”产生的力量相当于1.5万吨TNT炸药

觉得投下原子弹是在行善，但也并不觉得是在作恶。那名士兵是因投下原子弹而获救的众多人中的一个。”——原子弹阻止了战争的进一步恶化。“看到这一点非常重要，我们都意识到自己是多么幸运。”

和所有其他已经过世的“埃诺拉·盖伊号”机组人员一样，“荷兰人”范·柯克对投下原子弹毫不后悔，认为是两害相权取其轻。但当被问及是否认为会有相同的结果时——也就是说，如果事情“反方向发展”，日本先向美国投下了原子弹，“二战”会不会结束——“荷兰人”停顿了很长一段时间，然后回答说：“不，我不这么认为。我认为我们可能会反击。”

但在他自信而又虚张声势的回答之下，无法回避的事实是，他在回答前犹豫了很长时间，就像1945年那个无法对天宁岛提供任何确定性信息的原子科学家一样，他也使用了“认为”这个词。

解放死亡集中营

第二次世界大战结束时，随着盟军士兵向德国的挺进，他们目睹了大屠杀的恐怖真相……

“当我走过大门时，我看到了行尸走肉……他们是被打过、饿过、折磨过的人类，且被剥夺了能让生活变得有意义的一切。他们都是皮包骨头，面部瘦骨嶙峋，眼睛深陷。他们的头被剃得很干净，很多人紧紧地抱在一起，以免摔倒。许多人因营养不良而身上长疮。有一个人伸出手来，他的手指已因这些疮痂相连在一起。当他们跌跌撞撞地向我走来时，我后退了，我对自己说：‘这是怎样的疯狂？这些人是谁？他们做了什么而遭到如此对待？’”这是利昂·巴斯中士的证词，他是1945年4月第一批到达布痕瓦尔德集中营的非裔美国士兵。

1944年7月，当苏军到达波兰的迈丹尼克时，他们首先于偶然之中发现了第三帝国最黑暗的秘密。德国人对苏联的快速推进感到惊讶，他们试图摧毁集中营，并销毁所有的杀人证据。用来焚烧遇难者遗体的大型火葬场本身也被纵火焚烧。然而，用来进行大规模屠杀的毒气室仍然还在。那年夏天晚些时候，苏军还占领了贝乌热茨、索比堡和特雷布林卡死亡集中营所在地，尽管德国人在1943年已经拆除了这些集中营——波兰300万犹太人中的大部分已经死亡，因此不再需要了。

1945年1月，当苏军占领波兰西南部的奥斯维辛时，偶然发现了纳粹进行大规模屠杀的证据。这是6个纳粹灭绝营中的一个，也是战争中运作到

解放集中营时间线

1944年

●迈丹尼克灭绝营，波兰
苏联的快速推进意味着纳粹没有时间摧毁迈丹尼克。这是工业化杀戮的第一个证据。据说有7.8万人死于墙内。
1944年7月22日

●贝乌热茨灭绝营，波兰
贝乌热茨在1944年夏天被苏军占领。但此时，那里的营地已被拆除，估计60万人在此丧生。
1944年7月

●特雷布林卡灭绝营，波兰
特雷布林卡灭绝营是纳粹监狱系统中6个灭绝营之一，在苏军到达之前也被摧毁了。可能有多达90万人在那里被杀害。
1944年7月

●索比堡灭绝营，波兰
苏联在1944年夏末占领了这个集中营。该集中营在前一年的一次被囚禁者暴动后被关闭——大约有25万人在那里被杀害。
1944年8月

●纳茨维勒－施图特霍夫集中营，法国
被美国第6集团军解放。这里关押了5.2万名犯人，见证了2.2万起谋杀。党卫军少校奥古斯特·赫特在集中营收藏了一具“犹太骷髅”。
1944年11月23日

●切姆诺灭绝营，波兰
尽管纳粹在苏军占领该地区前不久才开始行动，但他们再次摧毁了这个死亡集中营，以销毁他们犯罪的证据。多达34万人在这里死亡。
1945年1月17日

奥斯维辛－比克瑙灭绝营，波兰●
这是迄今为止纳粹监狱系统中最大的集中营，配有7000名党卫军士兵。著名的被囚禁者包括安妮·弗兰克、小说家普里莫·莱维和诺贝尔奖得主凯尔泰斯·伊姆雷。
1945年1月27日

最晚的一个。同时，它也是人类历史上最大的大屠杀遗址。在此，有 110 多万人被杀害。

逃亡的德国人迫使奥斯维辛集中营的大多数幸存的被囚禁者向西行进，这就是所谓的“死亡行军”。但苏军士兵发现，仍有 7000 多名满面愁容、形容枯槁的被囚禁者活着，他们声称目睹了难以想象的野蛮行径。幸存者中有大约 180 名儿童，他们曾被集中营里的虐待狂医生用于奇怪的医学实验，包括约瑟夫·门格勒医生。也有其他证据表明有极为不道德的行为。苏联人发现仓库里装满了私人物品 —— 手提箱、眼镜以及 7 吨人发 —— 所有这些东西都曾经属于那些现在已经消失了的人们，他们被焚化的遗体消失于风中。正如巴斯所想，这个噩梦般的地方是怎样形成的？这些人究竟做了些什么，才会遭遇这样的命运呢？

德国的第一个集中营于 1933 年开设，就在希特勒上台的 15 天后。集中营在当时的德国并

●贝尔根·贝尔森集中营，德国
放后，英国第 11 装师的部队在该集中营周围发现了 1.3 万具掩埋的尸体。据信，有 5 万人死于那里。
945 年 4 月 15 日

●萨克森豪森集中营，德国
被苏军解放时，只剩下 3000 名被囚禁者，另外 3.3 万人在几天前已被党卫军逼死。
1945 年 4 月 22 日

●弗洛森堡集中营，德国
被解放前不久，弗洛森堡见证了一波处决浪潮。受害者包括 13 名英国特工、7 名密谋杀害希特勒的德国军官，还有神学家迪特里希·潘霍华。
1945 年 4 月 23 日

●达豪集中营，德国
就在美军开始解放纳粹集中营的 3 天前，该集中营的 1 万名被囚禁者被迫向南进军奥地利。之前有 1000 多人死亡。
1945 年 4 月 29 日

●拉文斯布吕克集中营，德国
可能有多达 11.7 万人在这个集中营殒命，集中营中大部分是女性，其中许多是儿童。苏军解放该集中营时，幸存者不足 3500 人。
1945 年 4 月 30 日

●诺因加默集中营，德国
这个被英国人解放的集中营实行的是一种通过劳动进行灭绝的政策。据信，大约有 4.29 万名被囚禁者死于强迫劳役、疾病、营养不足和被不人道地对待。
1945 年 5 月 4 日

●毛特豪森集中营，奥地利
在美军解放这里前，可能有多达 32 万人丧生于此。只有一个幸存者，西蒙·维森塔尔，他余生都在追捕纳粹战犯。
1945 年 5 月 5 日

●斯塔夫霍夫集中营，波兰
苏军解放斯塔夫霍夫集中营时，这里只剩下了 100 名被囚禁者。在此前被撤走的 5 万人中，许多人已被押送到波罗的海，被迫下水，然后被枪杀。
1945 年 5 月 9 日

1945

不新鲜。之所以这样命名是因为，他们将大量人集中在一个有限的区域内。集中营至少从 1838 年起就存在了，美国政府用集中营来软禁美洲原住民，而德国则在“一战”前就在纳米比亚（原称西南非洲）使用过集中营。然而，德国第一个位于本土的集中营是在巴伐利亚州达豪的一个废弃的工厂里。最初是用来关押被视为对新政权构成威胁的 5000 人，他们是政治犯。然而，随着纳粹政权的蔓延，很快就有其他人加入了进来：同性恋者、耶和华见证会信徒、罗姆人以及大量犹太人（1935 年反犹太的《纽伦堡法案》通过后）。

随着战争的临近，德国各地出现了更多的集中营：萨克森豪森集中营于 1936 年、布痕瓦尔德集中营于 1937 年、弗洛森堡集中营于 1938 年、贝尔根·贝尔森集中营于 1939 年被建立。随着 1939 年 9 月对波兰的入侵，纳粹进入了新的土地，在那里，纳粹可以远离德国公众的视线，建造更大的建筑群。在 1933—1945 年，纳粹建立了大约 4 万个集中营和监禁中心。许多集中营只是为了给这个政权提供大量的奴隶劳工，或者用来关押在各种闪电战中被抓来的战俘。然而，其他的如奥斯维辛集中营这样的地方，却发展成为专门从事大规模谋杀的机构。奥斯维辛集中营最初建于 1940 年 5 月，当初是为波兰战俘建造的，但它很快扩大为关押政治犯和其他“不受欢迎的人”的劳改营。然而，随着 1942 年 1 月《最终解决方案》的起草，当灭绝欧洲犹太人成为国家政策时，奥斯维辛集中营变成了集中营系统中最臭名昭著的杀戮中心。毒气室和火葬场在其他地方并不少见，但奥斯威辛集中营的庞大建筑群中足足有 8 个毒气室和 46 个熔炉，每周可杀害 4.2 万人。正是在这里，德国人首创并使用了“旋风 B”(Zyklon B)。党卫军警卫以公共淋浴房为幌子，把犯人带进毒气室，然后将他们锁在里面，通过墙上的斜槽将“旋风 B”小球灌进毒气室。这些小球暴露在空气中会蒸发，释放出氰化物气体。1941 年 8 月下旬，党卫军指挥官鲁道夫·赫斯的副手卡尔·弗里茨上尉在对苏联战俘进行一些实验性处决时，想出了这种“高效”的屠杀方法。奥斯威辛集中营的发现是希特勒大屠杀最令人发指的例证，但这并非最后一个。在解放奥斯维辛集中营后的几个月里，苏联相继解放了在波兰、波罗的海诸地的集中营，并最终解放了在德国的集中营。与此同时，美军在西线也解放了更多的德国集中营。

布痕瓦尔德集中营在 1945 年 4 月 11 日被解放，超过 2 万名被囚禁者获释。其他在朵拉—米特堡、弗洛森堡、马尔特豪森和达豪的集中营也于 4 月 29 日相继被解放，至此，这些集中营已见证了近 3.2 万起谋杀。

与此同时，英国军队于 1945 年 4 月 5 日解放了德国北部的集中营，包括贝尔根·贝尔森。在这里，他们发现了大约 6 万名被囚禁者，其中大多数人因斑疹伤寒而生命垂危。其中 1 万多人在解放后的几周内死去。然而，在汉堡附近、诺因加默集中营的被囚禁者命运更为悲惨。4 月 26 日，约 1 万名被囚禁者被装入停泊在波罗的海吕贝克湾的 4 艘监狱船上。5 月 3 日，英国皇家空军的 3 个“台风”中队接到消息，称船上装满了前往挪威的党卫军，于是袭击了这些没有武装的船只，并击沉了其中的 3 艘。当惊慌失措的幸存者试图游向岸边时，英国皇家空军飞行员用机关枪扫射水面，直到所有的动作都停了下来。不久，英国军队开进来，迎接他们的是一幅地狱般的景象，仿佛有成千上万具骷髅正在冲上岸。导致这些恐怖事件的战争仅仅持续了 5 天。

将纳粹绳之以法

盟国希望因其罪行而惩罚纳粹。
纽伦堡审判成为历史上最伟大的庭审案件

1943年，苏联领导人约瑟夫·斯大林在伊朗会见了英、美两国领导人温斯顿·丘吉尔和富兰克林·罗斯福。众所周知，德黑兰会议是为了讨论如何以最好的方式打败希特勒而召开的，但讨论内容很快就转向了复仇。斯大林提出，一旦战争胜利，5万至10万名德国参谋人员应被予以处决，以此来偿还纳粹的暴行。罗斯福——也许只是半开玩笑地说——或许4.9万人就可以了。

随着战争形势的恶化，这种复仇的欲望越来越强烈。战争结束后，美国的一位资深政治家小亨利·摩根索甚至主张摧毁德国的工业基础，将德国送回“黑暗时代”。然而，其他人，如美国战争部部长亨利·斯廷普森，则呼吁采取更为审慎的做法。是的，必须将肇事者绳之以法，但他们需要得到公正的审判，既要证明法治的重要性，又要创建其所犯罪行的历史记录。

斯廷普森的观点赢得了胜利。1945年5月8日，美国总统哈里·杜鲁门任命律师罗伯特·杰克逊为首席法律顾问。他的任务是让美国、英国、法国和苏联就此类审判的运作方式达成一致，并决定谁将面临起诉。问题是，犯罪规模如此之大，并非所有涉案人员都会面临法律制裁。一长串责任人名单被整理出来，尽管后来在军事、司法和医疗领域对不太知名的纳粹分子也进行了起诉，但第一个也是最重要的案件，是针对纳粹领导人的。

尽管包括希特勒和希姆莱在内的许多纳粹

头目已经死去，但其他主要人物，包括希特勒的继任者赫尔曼·戈林、军备部部长阿尔伯特·施佩尔和副元首鲁道夫·赫斯仍被拘留。纳粹造成数百万人死亡，而这些人将是第一批为此负责的人。不过，这个决定并非那么容易。首先，当时没有国际法庭或适当的法律。第二，如何证明有罪？这些纳粹头目可能签署了命令，但没有一个人真正扣动了扳机。一旦将商定的审判制度制定出来，那么，接下来的挑战就是以共谋罪对他们提起诉讼了。

案子最终建立在杰克逊团队一个名为默里·伯奈斯的人所称的“阴谋论”之上。伯奈斯认为，纳粹党有着犯罪预谋，他们密谋窃取德国邻国的土地，窃取他们的财富并实施以种族主义为动机的大屠杀。严格来说，那些下达命令的人最终是难辞其咎的。因此，这些人可能被指控犯有三类罪行：发动侵略战争罪、战争罪和危害人类罪。

最终决定由法官，而不是陪审团主持军事法庭，根据控方团队与辩方团队提出的论点进行判决。与此同时，纽伦堡被选为审判的主场地。整个 20 世纪 30 年代，纽伦堡的体育场一直是纳粹年度集会的场所，而纽伦堡的司法宫离这里不到 8 千米。许多人认为这里是纳粹的精神家园，是一个合适的地点。戈林、施佩尔、赫斯和另外 20 多名尚在的希特勒的党羽，在最后的准备工作完成时，都被关进了法庭的牢房。代表英国、法国、美国和苏联的起诉团队聚集在一起：首席检察官哈特利·肖克罗斯代表英国人，切姆佩蒂埃·德·里布代表法国人，罗曼·鲁坚科代表苏联人。不过，杰克逊从一开始就处于领导地位。由于担心证据不足，他最初计划用一系列证人来证实他的案件。但随着小心翼翼地保存着纳粹屠杀记录的人大量涌现，他改变了策略。有了 47 箱文件、档案和影像资料，他开始精心准备一个细致的案例。

戈林和他的同事受到了德国一些最优秀的法律人才的保护。律师们立即展开攻击，对“发动侵略战争”的主要指控的真实性提出了质疑。他们辩称，历史上没有任何一个国家曾面临过这样的指控；这项指控没有法律依据。被告席上的人不能因为国家政策而被追究责任，毕竟，他们只是在执行传达给他们的命令。

控方反驳说，是人类犯下了这些罪行，而不是某个面目全非、无可指摘的国家。1937 年希特勒和他的高级顾问们秘密会晤的记录，揭示了他们对扩大德国边界必要性的讨论，记录宣称，这一目标只有通过武力才能实现。随后出现了更

纽伦堡审判时间线

1943年

●德黑兰会议

“三巨头”（斯大林、罗斯福和丘吉尔）在伊朗首都会晤，讨论击败希特勒的问题。战后刑事诉讼的问题也被列入议程。

1943 年 11 月 28 日—12 月 1 日

●伦敦协定

《伦敦协定》（即《关于控诉和惩处欧洲轴心国主要战犯的协定》）和《欧洲国际军事法庭宪章》被颁布。这两项法令规定了进行纽伦堡审判的法律和程序。

1945 年 8 月 8 日

●纽伦堡审判开始

公诉人的案件是由美国律师罗伯特·杰克逊在一次带有谴责性且感人至深的演讲中提出的，给法庭和公众都留下了深刻的印象。

1945 年 11 月 20 日

●杰克逊的开庭陈述

杰克逊指出：“对全世界来说，纽伦堡法庭判决的重要性并不在刻画它怎样忠实地解释过去，它的价值在于怎样认真地警戒未来。”

1945 年 11 月 21 日

●证明侵略预谋

杰克逊出示《霍斯巴赫备忘录》—— 这是战前一次秘密会议的记录，在那次会议上，纳粹高层讨论了对德邻国发动战争，以创造“更大的生存空间”。

1945 年 11 月 26 日

控方指出，纳粹党曾密谋窃取德国邻国领土，并实施了出于种族主义动机的大屠杀。

多的文件和证人，证明纳粹最高统帅部曾密谋袭击德国的邻国。控方随后追查了一系列蓄意的犯罪行为：“国会纵火案”使新当选的希特勒得以宣布戒严令；随后，希特勒对德国的政治对手进行了镇压；建立了集中营。杰克逊展示了这场阴谋是如何导致战争蔓延到欧洲的。

他还揭秘，德国从未宣战，而是选择违反条约，在没有警告的情况下发动进攻。作为回应，辩护律师们拿出一大堆文书。这是一种策略，旨在降低控方的道德权威。那些渴望确保正义得到伸张的法官们，允许被告几乎完全的言论自由，诉讼程序也被拖慢了。他们中更有口才的人，如施佩尔，抓住了这个机会来吸引法庭。另一些人则利用法庭来宣扬纳粹主义的优点。当具有演说魅力的戈林发言时，他进行了一段持续了两天半的煽动性谩骂。尽管杰克逊一直极力避免轰动效应，但当纳粹被告开始抢占头条新闻时，他还是传唤了关键证人，他们的证词将彻底否定被告席上的人。现在，证人席上挤满了曾执行被告命令的人——集中营的暴徒、灭绝队的精神病患者、毒气室的杀人犯。他们的证据震惊了全世界。审判持续了11个月，直到1946年9月1日休庭，法庭的法官们审议了所有的证据。

1个月后，法庭作出了判决并进行宣判。在22名尚在的被告（1名已自杀）中，包括戈林在内的11人被判处死刑，9人被判处10年至终身监禁，3人被无罪释放。所有的上诉都被驳回，死刑定于10月16日晚执行。通过追查纳粹领导人，杰克逊开创了一个沿用至今的先例，即全人类都将受到国际法律的约束和保护，即使是国家元首也要被追究其侵略和危害人类罪行的刑事责任。然而，戈林至死都没有认罪。行刑前一晚，这位趾高气扬的贵族吞下了被偷偷带入牢房的氰化物。第2天早上，他被发现身着蓝色丝绸睡衣死在了自己的铺位上。

●行刑队队长作证
党卫军机动准军事行刑队D队前队长奥托·欧伦多夫被送上了证人席。1946年1月3日，他漫不经心地承认，自己曾目睹了大约9万名犹太人被枪杀的过程。
1946年1月3日

●大屠杀幸存者做证
玛丽·克洛德·瓦扬·库蒂里耶出庭做证。这位前法国抵抗运动战士曾被囚禁在奥斯维辛集中营，在那里，她目睹了对吉卜赛人和犹太人的种族灭绝。
1946年1月28日

●赫尔曼·戈林出庭做证
这位希特勒的前得力助手坚称，他只是一个服从命令的军人，他不是反犹主义者，他无法控制其他人的行动。
1946年3月13日—22日

●阿尔伯特·施佩尔出庭做证
作为军备部部长，施佩尔使用了40万奴隶劳工来达到他的生产目标，其中数千人已经死亡。意识到忏悔或许能够挽救他的生命，他试图开始赎罪。
1946年6月20日

●尼米兹证词
海军上将德尼茨的U型潜艇曾威胁到大西洋的航运，他呈供了一份来自美国海军上将尼米兹的证词，指出美国海军在太平洋地区对日本使用了相同的战术。
1946年7月2日

●作出判决
判决在两天内作出。这些审判的结果构成了1950年起草的《纽伦堡原则》的基础，为国际法下的刑事罪责制定了准则。
1946年9月30日—10月1日

●通过判决
戈林被判处死刑。施佩尔以20年刑期逃脱，而德尼茨只被判了10年。赫斯被判无期徒刑。41年后他死于柏林的斯潘道监狱。
1946年10月1日

●处决
在法院体育馆的临时绞架上，死刑执行得一团糟：脖子不会被立刻绞断。冯·里宾特洛甫用了17分钟才死去，阿尔弗雷德·约德尔将军18分钟，马歇尔·凯特尔则长达28分钟。
1946年10月16日

●医生审判
作为“纽伦堡后续审判”中的一部分，这个案子成功起诉了16名纳粹分子，他们曾以安乐死为幌子参与人体实验和大规模谋杀。7名被告随后被处决。
1946年12月9日—1947年8月20日

●法官审判
同样是“纽伦堡后续审判”中的一部分，此案的被告是负责执行纳粹优生和种族法的16名司法官员，其中10人被成功起诉。
1947年3月5日—12月4日

1947

图片所属

45	Images: Alamy, Getty, Mary Evans
63	© Alamy, Shutterstocl/Rex, Getty Images
76	© Alamy; Getty; Edward Crooks;
79	© Piotr Forkasiewicz
83	Illustrations: Alex Pang www.alexpangillustration.com
117	© Ian Moores Graphics; Thinkstock
119	Freevectormaps.com; Corbis
179	© Alamy; Corbis; freevectormaps.com
195	©Sol90
201	© Corbis; Alamy